校体育舞蹈课程建设与教学创新研究

张婷 著

郑州大学出版社

图书在版编目(CIP)数据

高校体育舞蹈课程建设与教学创新研究 / 张婷著. — 郑州：郑州大学出版社，2022.11(2024.6 重印)

ISBN 978-7-5645-9233-2

Ⅰ. ①高⋯　Ⅱ. ①张⋯　Ⅲ. ①体育舞蹈 – 教学研究 – 高等学校　Ⅳ. ①G831.32

中国版本图书馆 CIP 数据核字(2022)第 207486 号

高校体育舞蹈课程建设与教学创新研究
GAOXIAO TIYU WUDAO KECHENG JIANSHE YU JIAOXUE CHUANGXIN YANJIU

策划编辑	刘金兰	封面设计	苏永生
责任编辑	秦熹微	版式设计	苏永生
责任校对	陈　思	责任监制	李瑞卿

出版发行	郑州大学出版社	地　　址	郑州市大学路40号(450052)
出 版 人	孙保营	网　　址	http://www.zzup.cn
经　　销	全国新华书店	发行电话	0371-66966070
印　　刷	廊坊市印艺阁数字科技有限公司		
开　　本	710 mm×1 010 mm　1 / 16		
印　　张	11	字　　数	165 千字
版　　次	2022 年 11 月第 1 版	印　　次	2024 年 6 月第 2 次印刷
书　　号	ISBN 978-7-5645-9233-2	定　　价	68.00 元

内容简介

　　新时代下,在高校教育教学过程中,体育舞蹈既是一门专业的学科,也是提升大学生身体素质的一种方式与手段,高校开展体育舞蹈教学课程的主要目的是为了促进学生的全面发展。因此,本书从体育舞蹈出发,首先对体育舞蹈的相关概念进行了详细的描述,然后对高校体育舞蹈课程的理论与课程内容资源开发进行探讨,并细致介绍了高校体育舞蹈课程内容资源开发的问题与途径,最后探讨了高校体育舞蹈教学模式与方法的创新途径与意义。本书采用简洁明了的语言,对高校体育舞蹈的课程与教学进行了全面深入系统的分析,以期为我国高校体育舞蹈教育教学研究做出积极贡献。

目 录

第一章　体育舞蹈概述

第一节　基本概况与价值

一、基本概况

由于体育舞蹈是一种外来文化,舞蹈种类丰富,起源各异,在传播过程中,其术语必然会受到各国语言文化的影响。标准英语术语主要来自英国皇家舞蹈教师协会的专业教材,但也有少量专业词汇由拉丁语或法语组成。目前,世界各国体育舞蹈的通用术语主要是英语术语。

随着20世纪80年代中期体育舞蹈在我国的迅速发展,它在我国的应用越来越广泛。统一、规范、正确使用体育舞蹈专业术语,有利于体育舞蹈教学与交流,促进体育舞蹈项目的发展与完善;同时,掌握中英文术语也是国际标准的必要条件。

体育舞蹈基本术语是用来表达体育舞蹈理论、动作名称、动作和技术过程的专用术语。常见的体育舞蹈术语来源于英语术语的意译和音译。例如,奔跑(Running)和右旋转(Natural Spin Turn)属于意译,恰恰(Cha Cha Cha)属于音译,而鲁道夫划圈(Rudolph Round)是意译和音译的融合。虽然不同国家的语言和文化不同,但术语的表达应该是一致的。

体育舞蹈正式比赛场地为长方形,为了便于教学或编排,通常将场地的两条长边线称为A线,将场地的两条短边线称为B线。

(一)基本动作术语

1. 准线

准线是指双脚的位置或双脚方向与房间的关系。

2. 平衡

平衡是指舞蹈中身体重心的准确分配。

3. 基本舞步

基本舞步是指构成一种特定舞蹈的基调舞步。

4. 脚跟转

脚跟转是指向后迈出的脚跟转。在动作过程中,并上的脚必须与主力脚平行;旋转结束时,身体重心移动至并上的那只脚。

5. 脚跟轴转

脚跟轴转是指不变重心的单一脚跟旋转。

6. 轴转

轴转是指一脚脚掌的旋转,另一脚处于或前或后的反身动作位置。

7. 锁步

锁步是指一脚在前,一脚在后,前脚脚跟与后脚脚背相贴,脚尖方向平行,小脚趾相靠的交叉形舞步。

8. 滑步

滑步是指在第二步双脚并拢的三步组成舞步,是一种过程性的特殊运动状态,可分为前进步和后退步两种。

9. 踌躇步

踌躇步是指前进暂时受阻的舞步型或舞步型部分,重心停留一脚超过一拍。

10. 逗留步

逗留步是指身体运动或旋转受阻时的部分舞步型,双脚几乎静止不动。

11. 擦步

擦步是指当动力脚从一个开位向另一个开位移动时,必须先与主力脚靠拢,而重心不变的舞步。

12. 交叉步

交叉步是指双脚一前一后的舞步。与锁步不同的是,交叉的双脚未必相贴,且深度交叉时两脚分离较远。

13. 并步

并步分为向前、后、侧三种并步。以前并步为例,左脚向前迈一步,右脚用脚前掌在左脚侧点地,身体重心仍在左腿上。

(二)旋转角度与方位术语

标准舞是一种在赛场内按逆时针方向运行的舞蹈,因此,每一舞步在开始和结束时所站的方位、运行过程中身体转动的角度,都有严格规定。角度和方位是研究和表述舞步正确方向的重要依据。

1. 旋转角度的认定

脚或身体转动的幅度大小用转动的度数表示,即角度。转动45°为1/8周,转动90°为1/4周,转动135°为3/8周,转动180°为1/2周,转动225°为5/8周,转动270°为3/4周,转动315°为7/8周,转动360°为1周。

2. 方位的确定

在体育舞蹈行进中,为了便于正确地辨别身体的方位和检查旋转的角度,根据国际上记录各种舞蹈的惯例,在舞场上要规定一定的方位来加以规范。一般情况下,多以乐队的演奏台一面为规定方位的基点,定为"1点"(也可在场地中任选一个面定为"1点"),向顺时针方向每转动45°变动一个方位,如此围绕场地一圈,共经过8个点。因此,一块场地中的4个面为1、3、5、7点,4个角为2、4、6、8点。

以上所述方位,是在一个固定方位时用的。如果舞蹈者按舞程线不断变换方位向前移动,则又和舞程线(L. O. D)发生联系。在国际上规定了8条线来指示舞蹈每个舞步的行进方向。这8条线分别是:①舞程线,②斜壁线,③壁线,④逆斜壁线,⑤逆舞程线,⑥逆斜中央线,⑦中央线,⑧斜中央线。

练习者在沿着舞程线行进的过程中,无论行进到场地的哪一点,上述规律都是适用的。在指明舞伴两人舞步的行进方向时,应以男士的动作作为基准,女士的动作则应该与之相对应。如在合对位舞姿的前提下,指明男士的方向是面对中央线时,而女士必须正对舞伴形成背对中央线的身体位置。

(三)常见符号的记写

S:为英文 slow 的缩写,意为慢,表示该动作要慢,一般跳两拍一步。

Q:为英文 quick 的缩写,意为快,表示该动作要快,一般跳一拍一步。

&:为英文 and 的缩写,即前面所指示的拍子的一半。

H:为英文 heel 的缩写,意为脚跟着地的记录符号。

T:意为脚尖着地的记录符号。

H. T:意为脚跟着地再过渡到脚尖的记录符号。

T. H:意为脚尖着地再过渡到脚跟的记录符号。

I. E:为英文 inside edge 的缩写,意为内侧边缘,即一脚沿另一脚的内侧向前或向后做动作的记录符号。

(四)体育舞蹈的音乐

音乐是体育舞蹈的翅膀,舞曲是舞步的灵魂,没有音乐是无法跳舞的,不懂音乐或音乐素质差都会使舞蹈索然无味。在体育舞蹈中,通过音乐节奏的快慢、强弱、轻重、缓急、圆滑、流畅、顿挫来创造意境,以达到乐中有舞,舞中有乐,以乐伴舞,乐舞交融的和谐统一。如果习舞者只满足于一些舞步花样而忽略了舞曲神韵,这样学来的舞步必会缺乏灵气而显得毫无生气。

体育舞蹈的感人之处,正是美妙动听的音乐和自然优美的身体动作的和谐统一,它不仅能创造出美的意境,更能体现出体育舞蹈健与美的特点。体育舞蹈正是通过音乐的美来强化人体运动的美,以增强感情色彩。音乐与舞蹈的关系非常密切,音乐通过优美旋律将情感与舞蹈动作紧密结合在一起而带给人们绚丽多姿的艺术享受。跳好体育舞蹈必须先了解音乐的基本表现手段。

1.舞蹈音乐的常识

(1)旋律

旋律即曲调。构成旋律的要素有:音的高低、长短、强弱,把这3要素按创编者的意图组织起来,就会出现具有一定意义的一系列音乐线条,即旋律。

（2）句法音

音乐像语言一样，旋律及其他组合因素必须是合乎条理、清晰的句法，它是从人们的生活与对话规律中产生的。

音乐的句子是靠小节组成的，一般两小节为一乐节，两乐节为一乐句（四个小节）。乐句又分为前乐句与后乐句，前后乐句相加为八小节。前后乐句同时组成一个乐段。

乐句与乐段在音乐中很重要，它们往往可以形成一个音乐形象。大多数音乐是属于对称的，而体育舞蹈中的音乐同样也应该是对称的。我们要把动作与音乐的句法对应起来，形成相辅相成的关系，切忌破坏音乐的句法而形成不协调的相互关系。

常见的破坏句法的错误有两种情况：第一种情况为音乐是完整的，而教师却听不出来，把音乐的开始与动作的开始分离开来。第二种情况是在剪接音乐的时候破坏了音乐的完整句法，使本身完整的动作组合与音乐相脱离，导致练习者的听觉感知、心理感受节奏与拍子无法统一。

节奏的概念指时间长短的组合关系，它不但存在于音乐之中，同样也存在于所有运动着的事物中。音乐的节奏给音乐以活力与动力。

拍子是指音的强拍与弱拍的组合方式。基本的拍子组合方式有单拍子、两拍子、三拍子，其他几种拍子组合都是由这几种拍子演变而成的，又叫作混合拍子或复拍子。

健身街舞节奏变化忽快忽慢，很多动作出现在音乐的弱拍上（一拍两动）。

（3）音乐的其他表现手段

除了以上几种表现手段外，还可以通过其他的表现手段来增强音乐的表现形式，比如：速度的变化、力度的变化、音区的变化、演奏形式的变化、表情手段的变化、对比等。

音乐的各种基本表现手段在作品中通常是综合运用的。如果掌握并了解这些表现手段，就会对音乐作品有较为清晰的分析，能够把动作与音乐融为一体。

体育舞蹈的十个舞种就有十种不同风格、不同节奏的舞曲，如3/4拍的华尔兹舞曲,2/4 或 4/4 拍的狐步曲、探戈曲、伦巴曲等,其音乐的曲调与风格也截然不同。如:旋律舒展、优美的华尔兹;多切分音和附点音值节奏使探戈曲调刚劲有力、气势磅礴;伦巴曲则浪漫缠绵,柔美抒情;加入邦戈斯鼓和沙锤交替伴奏的沙沙声音乐,则使恰恰舞曲尽显欢快谐趣的风格。音乐是舞蹈的灵魂,舞蹈是音乐的表现形式。因此,我们应在了解各舞种音乐风格基础上加强音乐素养和舞蹈技术的训练,通过音乐不断激发学生内心的舞蹈力量,使动作更具有生命力,并与音乐达到协调与统一的境地,舞步与音乐的合拍,对体育舞蹈非常重要,习舞者应该熟练掌握各舞种的节奏变化与要求,与动作本身不协调或错位,从而影响了体育舞蹈本身的完整与完美。

2. 体育舞蹈的乐曲特点与欣赏

(1)标准舞曲的特点与欣赏

标准舞的音乐总体节奏较慢,时而激情昂扬,时而缠绵性感。音乐节拍一般是经过特殊的加强而表现出来的,如强拍多用低沉的大鼓来强调,而弱拍则以几个小鼓加上其他打击乐来表现,而任何一种舞步均是以强拍起步的。如华尔兹舞曲特点为音乐华丽多彩,轻快悠扬,娇媚艳婉,节奏轻快顺畅,旋律抒情轻逸、舒缓柔和。约翰·施特劳斯的《蓝色多瑙河》被奥地利人称为"第二国歌",它给人们带来了青春活力、快乐和信念,从而奠定了这首名曲"圆舞曲之王"的地位。探戈舞是现代舞中最为特殊的一个舞种,舞曲表现出较浓重的拉丁情调,音乐华丽激情,带有梦幻般的色彩,节奏干脆利落,丰富明快,旋律热情,富于强烈的激情。每当探戈舞曲响起,常使人感受到热情与冷酷、红色激情与蓝色柔情交错融合、波澜起伏的感觉。而狐步舞曲则多以切分音节奏为主,轻快活跃,起伏感强,节拍整齐,给人以温柔从容,文雅恬静,轻快流畅的感觉。

(2)拉丁舞曲的特点与欣赏

拉丁舞的音乐热情洋溢,节奏鲜明活泼,生动奔放,充分表达了青春欢乐的气息,具有强烈的热带情调。拉丁舞音乐靠的是各种打击乐器组合来进行伴奏,因此往往有一种激荡人心的、容易辨认的强烈节奏。如伦巴舞曲使用了南国式的小鼓、葫芦摇响器等,第 3 拍的重音很突出。伦巴舞的音乐缠绵、柔媚而抒情,但由于音乐的基调不同,每首舞曲表现出来的情感也不一样,有的是欢快而旖旎,有的是纯情而深沉,有的是幽怨而伤感。其主题往往体现了男女之间的爱情生活。桑巴舞曲强烈而有特性,乐曲的节奏热烈欢快,它微妙的节拍和一轻一重的节奏,体现了很强的巴西风格,犹如热带风光中棕榈树在微风中摇曳生姿。在巴西,桑巴舞也成了狂欢节的主旋律,它的旋律热情,节奏欢快,富有激情,甚至达到疯狂,给人以一种雀跃的激情。拉丁舞中另一极有特色的舞曲即斗牛士舞,它常在西班牙进行曲的轻快旋律中进行,气氛热烈,意气昂扬,具有强烈的西班牙斗牛士风格,展示了勇猛泼辣的风格。

二、体育舞蹈的价值

体育舞蹈运动是一项新兴的体育项目,是体育与舞蹈的结合。具有运动与艺术的双重性。因此体育舞蹈极富时代气息,具有健身价值、社会价值、教育价值和文化传承价值。

(一)健身价值

体育舞蹈是一项新兴的体育项目,是体育与舞蹈的结合。美国体育家古里克曾说:"跳舞能消除过剩的脂肪,代之以健壮的肌肉组织,使软化、迟钝和缺乏活力的肌肉重新变得充满活力和具有弹性。"由此可见体育舞蹈对人体的健身作用。

1.增强体质

增强运动系统:体育舞蹈中的桑巴舞、快步舞、牛仔舞等舞蹈的各种跳跃动作靠膝关节和踝关节的弯曲与伸直配合来让身体上下摆动,经常进行锻炼可以提高关节的灵活性,使韧带、肌腱等结缔组织富有弹性。

促进心血管系统机能的提高:长期参加体育舞蹈锻炼,可以使心肌纤维增粗,从而使心肌收缩力增强,心输出量增加,提高心脏供血能力;还可以改善血管管壁的营养状况,尤其是动脉管壁的营养状况,从而延缓血管硬化。

提高呼吸系统机能水平:在体育舞蹈练习中,人体的肺通气量成倍增长,肺泡扩张率提高,从而增大了肺部的容积,提高人体吸氧量。经常参加体育舞蹈锻炼会使呼吸肌变得有力,安静时呼吸加深、呼吸次数减少,运动时吸氧量增大,从而使机体具有较强的有氧代谢能力。

改善消化系统:拉丁舞的腹部活动较多,不但腰腹肌和骨盆肌得到锻炼,而且加强了肠胃蠕动,增强了消化机能,有助于营养物质的吸收与利用。

2. 塑造形体美

形体是指人体结构的外在表现。形体美是融姿态美、体态美、线条美等外部形态与内部感情和谐统一的美。而体育舞蹈舞种多样、风格各异的特点使练习者们在长期的训练中把不同的运动负荷分配给不同的锻炼部位,使全身的柔韧性、协调性、身体控制能力等多个方面的训练效果完美结合。

加里宁说:"会跳舞的人,走路的姿势都好看。"体育舞蹈对技术动作和身体姿态的要求能影响人的基本状态。如体育舞蹈运动员在举手投足之间会表露出一种美的姿态、美的举止和美的礼仪,从而显现出良好的身体姿态和高雅的气质风度。因此,长期进行体育舞蹈的练习可以改善不良的身体状态,形成优美的体态,从而在日常生活中表现出一种良好的气质与修养,给人以朝气蓬勃、健康向上的感觉。体育舞蹈练习还可减少人体脂肪含量,使人变得匀称健美。

3. 健心

经常跳体育舞蹈,不仅能强健身体,还可以调节和促进心理健康。体育舞蹈的这种双重功效,也正在被越来越多的现代体育科学研究所证实。积极参加体育舞蹈活动者的心理健康水平显著地高于普通常人,说明体育舞蹈对心理健康的促进作用是十分明显的。从心理学角度来讲,人的注意力是受指向性刺激制约的。在翩翩起舞的过程中,人的注意力必须集中在欣赏优雅的舞曲和依照音乐节奏将内心情感抒发在舞姿上,由于注意的转移,能使其他部分机体得到调整和充分休息,所以体育舞蹈具有消除疲劳、陶冶情操、康复机体、消除心理障碍的作用。近年来,有关体育舞蹈的健心效应已被愈来愈多的科学研究证实。经常跳体育舞蹈既可以降低焦虑,也可以降低抑郁。体育舞蹈对轻微到中度的焦虑症和抑郁症等都有治疗的作用。从体育的社会价值看,体育舞蹈是人们交流思想,抒发情感,消除隔阂,相互沟通的最好形式之一。在优美的舞姿和轻快的乐曲相伴下,人们的自我封闭意识在这里会得到彻底的解脱,舞场中的融洽、和谐、高雅的气氛亦能增强人们沟通和交往的意识。

(二)社会价值

体育舞蹈是人们交流思想,抒发情感,消除障碍,相互沟通的最好形式之一。它和人们现实生活有着密切的联系,良好的情感交流会互相受到感染,甚至使人产生相互依偎的情结。体育舞蹈不仅是民间友谊的纽带,也是沟通不同国家、不同民族情感的一种形体语言,是任何语言无法替代的艺术,通过优美的舞蹈韵律,增进友谊,丰富生活。

伴随着社会的发展,人们对精神文明与文化体育生活的渴求,在紧张的工作、学习生活之余,不再满足于观赏他人的表演,而是表现出一种强烈的参与意识和欲望,力求在社会交往中寻求友谊和理解。体育舞蹈是人们乐于接受的一种有益活动,一首优美的舞曲,能把不同阶层、不同年龄、不同性别、不同健康状况、不同运动水平的人融合在共同的舞蹈之中。它是一种"有节奏的散步",是一种"伴着旋律的锻炼"。

1. 娱乐价值

体育舞蹈是一项高雅的体育娱乐活动,在节奏强烈、旋律优美的音乐伴奏下以动作优美、协调、全面地锻炼身体而著称。锻炼中,练习者可以有热情与活力、快乐与自信,以及自我实现的成就感等情绪体验和心理感受。和谐的配合、有力的舞步、抑扬顿挫的动作会创造出潇洒、超脱、飘逸的情韵风范,使练习者尽情享受自娱自乐的乐趣,达到提高生活质量和延年益寿的功效。

2. 社交价值

体育舞蹈是一种国际流行的社交舞,它是沟通不同国家、不同民族情感的一种世界形体语言,具有广泛的社交性,在人际交往中可起到非常重要的作用。体育舞蹈练习大体上可分为自娱、表演、竞技三个层次,自娱性的体育舞蹈具有极其广泛的群众基础,男女老幼均可参加。在跳舞中,人与人可以加深彼此的了解和信任。显而易见,舞蹈作为人们联络感情、交流信息的媒介和纽带,正在不断丰富着自身社交功能的内涵。体育舞蹈能有效促进个体社会化,是丰富社会文化生活的重要手段。

3. 欣赏价值

体育舞蹈不仅成为人们建立友谊、陶冶情操、锻炼身体、提高技艺的良好形式,而且具有独特的艺术表演价值,给舞蹈者与观赏者以美的享受,令人身心愉悦,进而提高人们的艺术修养和审美情趣。

标准舞的前身是欧洲的社交舞,欧洲人视跳社交舞为一种必要的修养,并以此作为积极文明的娱乐方式之一。在宫廷舞演变为社交舞的初期,男士有一套邀请女士的礼节动作,女士也有一套接受礼节的动作,这种礼节是当时上流社会交往中邀请舞伴时必须具备的。随着时代的发展与进步,男女相互尊重尤其对女士的尊重已成为现代社会文明的基本要求。在标准舞中,礼仪性的审美倾向依然保留着,男士的衣着庄重、体态端庄挺拔,即使在轻快跳跃性舞步的变化中,也不失高雅风度。由于礼仪性审美取向决定了风度在体育舞蹈中的重要性,所以舞者的外观形象、风度气质以及技术动作和造型的表现等都为人们提供了审美的素材。

体育舞蹈比赛对选手服饰的规定强化了它的观赏性。体育舞蹈的标准舞和拉丁舞各有其独特的舞蹈风格,需要用不同款式的服装来衬托。如标准舞主要体现欧洲风情,男士着装保持正规礼仪活动的要求,上身着深沉高雅的燕尾服,颈系白领结,脚穿系带皮鞋,发型整齐,处处体现绅士风度,显示庄重高贵的风度和身体形态的优美。女士则穿露背式的晚礼长裙,具体式样、色彩等随时代的潮流而有所变化,如在20世纪90年代以前的女裙多为绸料的皱边长裙,90年代后多用纱、绸料加上鸵鸟羽毛的边饰,使裙子更加轻盈飘逸,色彩更趋于多样化;2000年在英国黑池的比赛中,又出现了除去鸵鸟毛的丝纱面料的多层过膝短裙,女士们穿上这种制作精细的礼裙显得光彩夺目,衬托出她们优雅、迷人的身姿,舞起来就像云在风中飘动,旋转时就像一朵盛开的莲花,给人以婀娜多姿的美感,将服饰的美演绎到了极高的境界。因此,在展现国标舞美的过程中,服饰的衬托与美化起到了画龙点睛的作用。而拉丁舞服饰则倾向于展现生动活泼、自由奔放的拉美情调和生活气息。在拉丁舞中,男士身着紧身衣裤,女士则身着能充分展示身体曲线的露背露腿的短裙,以提高舞蹈中展露背、腰、臀、髋、腿部优美线条的效果,突出舞蹈的风格。近年来,拉丁舞服装也吸收了一些时装样式,并加以改变以适用于跳舞,色彩搭配也更加五彩缤纷。一些体育舞蹈服饰中增加了具有鲜明民族特色的服饰,反映了多元文化风貌,使男女选手风采倍增,观赏性更强。

(三)教育价值

1. 改善人际关系,调节心理平衡

体育舞蹈是人们交流思想、抒发情感、消除隔阂、相互沟通的最好形式。在优美的舞姿和轻快的乐曲相伴下,舞蹈者通过密切的动作,如手拉手、面对面,在频频交换位置和往返循环中,得以广泛接触、交流情感,在情绪和兴致上可以互相启发、感染,并在音乐中体验翩翩起舞的感觉。此时,人们自我封闭的意识在这里被彻底地打开,同时舞场中融洽、和谐、高雅的气氛也自然地增强了人们的沟通和交往的意识,有效地消除了人与人之间的隔阂,增进了舞伴、舞友之间的友谊,起到了自我教育和相互感化的重要作用。

体育舞蹈运动不仅能强身健体、促进心理健康水平的提高,还能在长期练习中养成尊重他人、遵守纪律和规范的行为。

2. 陶冶情操,增加艺术修养

美是体育舞蹈的魅力所在,它借助参与者的舞蹈动作进行表现,融美的动作、美的意识和美的感觉于一体。舞的本意是旋转,蹈的内涵是跳跃,即舞蹈通过各种旋转和跳跃来传情达意,将心理感受和生理运动紧密结合在一起,达到昭示美、塑造美、弘扬美的目的。人们在心情愉快的氛围中进行锻炼,心情和情操都得到陶冶和净化,精神面貌和气质修养都得到全面改善和提高。

(四)文化传承价值

体育舞蹈作为舶来文化,在全球各国都能生根发芽,充分体现了其旺盛的生命力。无论是从事体育舞蹈教学和训练的人员,还是广大的体育舞蹈爱好者,都感受到了一种来自异域文化的熏陶,成为这种文化所附带的优秀的民族意识和道德规范的传承者,同时也展示了新的社会风貌。

第二节　起源与发展

一、舞蹈的起源与内涵

舞蹈是各个时代的人们表演的转瞬即逝的动感艺术。过去的舞蹈在今天无法再现当时的样子,虽然很难追踪千百年前舞蹈的起源,但是过程却很有趣。据大量资料显示,在今天一些民族和地区的舞蹈中,虽然保留着原始舞蹈的遗存,但那只不过是内容和形式上的一些遗存,人们在表演这些舞蹈时,融入了现代人的感情体验和固有的限制,而不是原始时代的舞蹈。古代遗留下来的山洞画、悬崖画、文物上的图形、文献上的相关记录等都是极其重要的资料,但也只能成为探索舞蹈起源的一部分线索。

一些国内外的专家、学者们根据上述舞蹈资料,从不同的侧面深入研究、考证,提出了许多关于艺术和舞蹈起源的说法。"劳动说""模仿说""游戏说""巫术说""情感说""性爱说"等,有各种各样的说法,经过分析,各种各样的起源说以人们的物质生活和精神生活为根据,反映了舞蹈的起源和社会生活密切的关系。劳动使人脱离动物习性,成为有思考能力、创造能力的万物之灵,形成人类社会,既然以跃动的形象展示生命的韵律,那么在舞蹈的形成和发展过程中,劳动无疑是舞蹈起源的最根本的因素,但各种社会因素同样起着重要的作用。我们倾向于认同舞蹈文化起源的多源性观点,不赞成舞蹈起源的单一性说法。

（一）舞蹈起源的主要学说

舞蹈是八大艺术之一,它是基于身体语言在三维人体运动的"精神沟通"现象的表达艺术,一般以有音乐伴奏和有节奏的动作为主要表现手段的艺术形式。根据艺术史专家的研究,最早的生产艺术是人类之舞。前古人还未产生语言,只有通过运动、姿势和面部表情来传递信息和情感、思想的交流。

在古代中国和古代希腊的神话和传说中,人类从上天处学会了舞蹈或人类舞蹈灵感来自舞蹈女神。我们知道,远古祖先的概念理解,神和人是处于一种混乱的状态,明显不如现代的人们分的这样清楚。人们常常把一些能力非凡的,超出了一般人的智慧和力量的,或对于本民族做出突出贡献的人,当作是神的化身。现在,我们知道,各种各样的神是人类依据自己形象基础,通过想象而创造出来的。如果神创造了舞蹈,那么我们就可以说是人创造了舞蹈。那人是如何创造舞蹈的呢?目前学术界有以下的一些主要理论。

1. 模仿说

有的学者认为,人有模仿的本能,舞蹈是人用有节奏的动作对各种野兽动作和习性的模仿。这是艺术起源中最古老的理论,起源于古希腊哲学家德谟克利特、柏拉图、亚里士多德等。他们认为文艺起源于人对自然的模仿,模仿是人的天性和本能,只是由于模仿的对象不同,所用的媒介不同,而产生不同的艺术种类。舞蹈的目的就应该是"通过有节奏的动作模仿性格、感情和行为"。总结起来说,在他们的理论体系中,舞蹈就是借助特定的形体语言按照一定的节奏模仿动物、植物或人的性格、感情等的艺术形式。

公元前6世纪,古希腊哲学家亚里士多德在他的《诗学》中说,人从孩提时代,就有模仿的本能,人们最初的知识是从模仿中得来的,而且,由于模仿的对象、表现方式方法的不同,才形成不同门类的艺术。公元前3世纪,我国的《吕氏春秋·古乐篇》中记载:"帝尧立,乃命质为乐。质乃效山林溪谷之音以歌,乃以廉革各置缶而鼓之,乃拊石击石,以象上帝玉磬之音,以致舞百兽。"帝尧命令叫作质的人作"乐"(古代的乐包括音乐和舞蹈),质仿效山林和溪谷等自然界的声音作歌,又让人们击打石器伴奏,模仿百兽的样子跳舞。

现代的一些舞蹈动作也有明显地对自然界的模仿,这种模仿不止局限于跟人类生命特征接近的哺乳动物,一些植物和无生命力的自然景观也可以被模仿。例如,安徽民间舞蹈"花鼓灯"的"风摆柳",正是受春风拂柳这一意境的启发才形成女性体态动作的;而男子名为"燕子三抄水"的技巧动作,则是从飞燕忽高忽低掠过水面的动作中得到启发然后创作的。在中国大地上广为流传的狮舞、龙舞、孔雀舞,带有流水、花卉、山川等创意的大型舞蹈、舞剧更是将这种模仿做到了令人赞叹的地步。

2. 游戏说

也有学者认为,在艺术的起源中,最为关键的因素是"游戏的冲动"。"游戏说"是18世纪德国诗人、文艺理论家席勒依据康德所说的"艺术像游戏一样,都是'自由的'活动"而提出。他认为在艺术起源中,模仿虽然重要,但并非是艺术的真正起源,艺术的根本起因是"游戏的冲动","以假象为快乐的游戏冲动一发生,模仿的创作冲动就紧跟而来,这种冲动把假象当作某种独立自主的东西"。他还认为,游戏是自由的人性的表现,游戏也是人类最终脱离动物界的标志,在游戏中人的天性得到充分的发挥和满足,只有当人是完全意义上的人,他才游戏;只有当人游戏时,他才完全是人。这里的游戏,是指人的审美需求,即以假象为快乐。如人模仿动物的舞蹈,就是通过这种假象的游戏来获得快乐和宣泄自己的情感。"游戏说"的另一个代表人物是英国哲学家斯宾塞,他同样认可康德"艺术源于游戏"的理论,并加以发挥和倡导。

游戏说强调了游戏冲动、审美自由与人性完善间的重要联系,对于我们理解艺术在审美方面的发生具有重要价值。它揭示了艺术发生的生物学和心理学方面的某些必要条件,如剩余精力是艺术活动的重要条件,艺术的娱乐性和审美性等,揭示了精神上的自由是艺术创作的核心,对我们理解艺术的本质是富于启发的。

3. 劳动说

我国有很多学者主张舞蹈起源于劳动的理论。恩格斯说:"劳动创造了人本身。"在人类进化过程中,劳动起着决定性的作用。劳动使古猿直立行走,使人能制造工具,从此显示出人与动物的根本区别,使人脱离了动物界,创造了人类社会,创造了艺术赖以产生的物质基础。劳动同时增强了人脑的功能,使人产生自我意识,培育出了舞蹈艺术的物质载体——人的灵活自如的、健美的、有着丰富表情功能的形体,使人能够用形体表现自己,表现对周围事物的感受,从而加速了人类文明的进程,出现了原始舞蹈的萌芽。因此说,舞蹈起源于劳动。这一学说始于19世纪德国心理学家威廉·冯特,后又在 19 世纪末 20 世纪初被俄国马克思主义理论家和政治家普列汉诺夫推广和发展。

普列汉诺夫在他的《论艺术》一书中曾引用了北美洲红种人跳"野牛舞"的例子加以说明。他记述了这样的事实:当人们很久捕不到野牛,面临饿死危险的时候,就要跳"野牛舞",一直跳到野牛出现。这种跳舞可以引来野牛的做法,虽然是他们巫术观念的反映,但跳舞的最终目的是捕获野牛(劳动),是得到食物,以保证生存的基本要求。劳动是跳舞的动机,巫术只增强了引来野牛的信念。劳动才是第一位的因素。中国古文献中,也有许多关于艺术起源于劳动的记载。例如《尚书·益稷篇》中"击石拊石,百兽率舞"的描述。其中作为伴奏乐器的"石",是从劳动中的石器发展而来的,跳舞中模仿的野兽的形象,则是狩猎中观察的结果和艺术升华,乐与舞最初都源于劳动生活。

他们认为舞蹈的起源是随着人类生产劳动而产生的,还有一个重要原因是,舞蹈的动作和节奏与劳动是密切相关的。不管是哪一种劳动,人的手脚总是要活动的,手用以拍打,脚用以踩踏,在某种动作连续重复过程中,就产生有规律的节奏,再伴以呼喊或打击石块和木棍,最原始的舞蹈就出现了。

我国一些原始舞蹈的现代遗存中也有许多狩猎和种植生活内容的舞蹈动作。如鄂温克族的"跳虎"、鄂伦春族的"黑熊搏斗舞"都是人模拟虎、熊的舞蹈,这都是他们由狩猎生活中产生出来的。达斡尔族歌舞《达奥》就生动地描绘了一个英武的猎手,骑上枣红色骏马,带着洁白的猎犬,飞似地迫逐野兽,终于获得了猎物,欢欢喜喜回家的情景,这些史料和舞蹈的留存极为有力地证明了舞蹈劳动起源说,但它并不能解释所有舞蹈的起源,例如人与人之间交流情感的舞蹈,具有一定游戏性质的娱乐舞蹈,等等。

"劳动说"是我国许多舞蹈史论工作者所赞同的理论。原始人的一些洞窟壁画中很多表现了他们狩猎生活的舞蹈场面,原始舞蹈的现代遗存中许多反映了狩猎和种植的生活内容,这些都可以使人们看到舞蹈起源于劳动。如西班牙东海岸克鲁库地方的洞画,画了有女性参加的狩猎舞的画面。画中的女猎人,腰部以上肌肉紧张,十分传神。

4. 综合说

舞蹈理论从诞生发展到现在，历史绵长，出现过很多相关的学说，他们都有一定的道理，但又都不十分完整和全面，因为舞蹈活动是人类生活中的一种社会现象，它的起源和世界上的一切事物的构成一样都不是单一的，而是存在着多种因素。舞蹈源于劳动的说法，是从舞蹈是人体律动的艺术这一基本点出发的。人体既是舞蹈的物质基础，而人类的劳动又曾对人体的进化、演变起着决定性的作用，那么，舞蹈的发生根本在于劳动。人是能进行思维的万物之灵，可以根据自己的需要和想象去创造，去艺术升华，但在舞蹈形成和发展过程中，其他因素也起着不可低估的作用。模仿动物是学习舞蹈的开端；舞蹈能使人获得被庇佑的安全感，表达心中的愿望，能使人愉快忘我，团结协作；充沛的精力使人有意识地进行游戏，更激发人们从舞蹈中得到快乐。舞蹈作为外在的艺术形式，内在驱动力往往为强烈的个人情感或社会意识，由此又产生了舞蹈情感说。人类自身的繁衍是社会发展的需要，于是舞蹈又和性爱联系在一起。舞蹈起源的模仿说、游戏说、巫术说、情感说、性爱说等说法，正反映出舞蹈形成的多元性。所以我们主张"劳动综合论"，即舞蹈起源于人类求生存、求发展中的劳动实践和其他多种生活实践的需要。如果再详细一点来说，舞蹈起源于远古人类在求生存、求发展中的劳动生产（狩猎、农耕）、健身和战斗操练等活动的模拟再现，以及图腾崇拜、巫术宗教祭祀活动和表现自身情感、思想、内在冲动的需要。

（二）舞蹈的内涵

舞蹈是人类历史上最早产生的艺术形式之一，人们称之为艺术之母，它随着历史的进步而变化发展。作为一种社会艺术的审美形态，它从远古就与人类的狩猎、耕作、宗教、战斗、性爱等生产、生活内容息息相关。舞蹈能直接、生动、具体地表现文字或其他艺术形式难以表现的人的内在深层的心理状态、强烈的感情、鲜明的个性，并能探索与体现人生的价值与意义。

舞蹈是一种人体动作的艺术。但是，这个人体动作，必须是经过提炼、组织和美化了的人体动作。另外，属于人体动作范畴的艺术也有许多种，如杂技、哑剧、人体雕塑、韵律操等。所以，舞蹈不同于别的人体动作艺术的主要方面是：它是以舞蹈动作为主要艺术表现手段，着重表现语言文字或其他艺术表现手段所难以表达的人们内在深层的精神世界（细腻的情感、深刻的思想、鲜明的性格）和人与自然、人与社会、人与人之间以及人自身内部的矛盾冲突，创造出可被人感知的生动的舞蹈形象，以表达舞蹈作者、舞蹈编导和舞蹈演员的审美情感、审美理想，反映生活的审美属性。

另外，舞蹈中人体动作不停顿地流动变化的特点，使得舞蹈必须在一定的空间（舞台或广场）和一定的时间中存在。而在舞蹈活动中，一般都要有音乐的伴奏，要穿特定的服装，有的舞蹈还要手持各种道具。如果是在舞台上表演，灯光和布景也是不可缺少的。所以，也可以说舞蹈是一种空间性、时间性和综合性的动态造型艺术。

在哲学家和美学家的眼中，舞蹈艺术已经升华为一种生活，甚至生命的艺术。在远古的社会生活中，舞蹈是一种极为重要的事情，婚丧嫁娶、生育献祭、播种丰收、祛病除邪，一切都离不开舞蹈。舞蹈成为远古先民的质朴的生活方式和感知世界的手段。新喀里多尼亚的北方，市场店铺里商人轮流出来跳舞以展示他们的商品；北昆士兰的居民跳着节日的环舞，一只一只地捕捉虱子；非洲喀麦隆的酋长由于背叛被处死刑时，甚至唱着歌跳着舞走向刑场。

艺术是由各个不同的艺术品种所组成的。作为艺术之一的舞蹈，同样是一个非常广阔的天地，它也是由不同种类、不同样式、不同风格的舞蹈所组成的。根据舞蹈的作用和目的，舞蹈可分为生活舞蹈和艺术舞蹈两大类。生活舞蹈是人们为自己的生活需要而进行的舞蹈活动；艺术舞蹈则是为了表演给观众欣赏的舞蹈。生活舞蹈多指与人们日常生活有直接联系，形式简朴，易于掌握，具有广泛群众性的舞蹈，如民俗风情中的舞蹈、宗教舞蹈、社交舞蹈、健美体育舞蹈等。艺术舞蹈是指由专业或业余舞蹈家，通过对社会生活的观察、体验、分析、集中、概括和想象，进行艺术的创造，从而创作出主题思想鲜明、情感丰富、形式完整，具有典型化的艺术形象，由少数人在舞台或广场表演给广大群众观赏的舞蹈作品。艺术舞蹈以高度提炼了的舞蹈语言与技巧，着重刻画人们内心的活动与变化，传情达意，反映现实。

二、体育与舞蹈的辩证关系探究

体育,广义指体育运动。它包括形体教育、竞技运动、形体锻炼三个方面。舞蹈是一种综合艺术,它综合了文学、音乐、戏剧、绘画、雕塑等诸多艺术要素,是人类历史上最早产生的艺术形式之一,它是以人体动态系统的艺术为基础,综合各种艺术要素的一门学科。

体育和舞蹈既能够自成系统,又能互成系统,有区别,又有联系,辩证地统一在体育舞蹈体系中。所谓自成系统,即体育和舞蹈各自都有自己的系统:体育系统和舞蹈系统。所谓互成系统,即体育和舞蹈又能互成为体育舞蹈系统,体育舞蹈横穿了体育和舞蹈两门学科,打破了体育和舞蹈的界限,填平了两门学科之间的这条鸿沟。体育舞蹈具有体育和舞蹈的综合特性,顺应了现代科学发展的综合性潮流和一体化趋势。

(一)体育与舞蹈的区别

体育和舞蹈是人类为了满足自身享受和发展需要的一类形体活动,属于高层次的需要。尽管它们之间存在着诸多联系,但由于二者的目的和作用不同,因而表现出各自不同的性质和特征。

从形体活动的形态上,我们可以把人类的活动概括归类为物质性活动和精神性活动。从活动所指向的对象来看,人类的物质性互动又可以概括为两大基本类型,其一是人类改造自然的活动,其二是人类改造自身的活动。体育运动属于人类改造自身的活动,它以增强体质、改善人的形体状况为基本目标。所采用的方法和手段不是依靠各种物化的工具,而是依靠人自己的形体和精神的共同参与,并按一定的方法来进行。从这个意义上讲,体育运动属于物质性活动,而舞蹈尽管也是以形体活动为手段,但它既不是改造自然的活动,也不是以改造人自身为目的的活动,它以抒发和表达人的情感,以表现人类生活,以满足观众的评价和欣赏为目的,因而应属于认识活动或精神活动。

体育以形体活动为主,而舞蹈则以情感活动和心理活动为主。舞蹈是人类表达情感,表现自我生命意识和生命价值的一种形式。人表达情感的方式和手段主要用语言方式、形体运动方式以及其他行为方式来进行。舞蹈是以形体活动方式表达和抒发情感的一种文化活动。从表面上看,这同体育的形体活动手段似乎相同,实际上它们之间仍然存在差别:舞蹈以形体活动来表现生活及表达和抒发情感,因而舞蹈这种形体活动具有"语言"功能,称为肢体语言。而体育的形体活动并不以"语言"的方式来说明什么,它主要强调对身形体质进行改变的结果。体育以形体活动来促进和改善自身体质状况的内在功能使得它对运动量和运动强度具有特定要求。而舞蹈对形体运动的要求却主要看它能否反映、表达人的特定情绪和情感,运动量和强度对舞蹈活动没有实际意义,并不需要用量和强度来衡量舞蹈活动的意义和作用。

舞蹈可以表现生活,体育则不能表现生活。舞蹈表现生活是通过对生活具体事件进行加工、提炼和升华后的舞蹈语言来表现。它反映生活但并不是生活本身,它具有抽象的特征和内在的审美特性,因而舞蹈演员具有双重身份。而体育的对象是真实的客体,体育并不能表现生活,实际上它就是生活本身。

(二)体育与舞蹈的联系

体育与舞蹈的融合是自觉的行为和文化发展趋势。体育是艺术创作的"生活源泉"和取材领域。同时体育又要借助艺术来丰富发展自己,随着社会的发展,体育与各艺术门类的联系将越来越密切。

人为实现其自身的存在都必须诉诸或多或少的体力或形体活动,因而人都有肉体活动的感性经验,这种共同的感性经验成为人类对形体活动中包含的积极作用和美的价值认同的心理基础。尽管体育和舞蹈借形体运动手段的目的不同,因而对形体运动的要求不同。但它们都是以形体活动为手段来实现其自身的存在,都是人类表现自我,实现自身生命价值的特殊形式,在这一点上是相通的。

从人的生存、享受和发展三个需要层次来看,体育和舞蹈都是人类为了满足自身享受和发展需要的一类实践。它们都是人类愉快、活力和自由的源泉,可以调节人的生活。随着人们对生活质量的追求和生活方式的改变,人们参与形体活动的目的往往既具有健身性目的又具有审美性目的，即既为了满足形体本身的需要，也为了满足心理和情感的需要，也就是对形体活动的目的具有多重需要。这也许就是人们对介于体育活动与艺术活动中间地带的娱乐活动越来越关注的原因之一。从现实情况来看，对形体活动的多目标追求已逐渐成为人们参与形体活动的常态。

三、体育舞蹈的出现与演变

（一）体育舞蹈的诞生

体育舞蹈是一门融体育、音乐、美学、舞蹈为一体，以形体动作舞蹈化为基本内容，以双人或集体配合练习为主要运动形式的娱乐健身型的运动项目。它兼顾了体育活动的物质性追求和舞蹈活动的情感性表达，是人类艺术世界中最出色的一分子。它的出现最早可以追溯到十一二世纪的欧洲，而它的前身就近来说则是社交舞，也称交际舞、交谊舞。

在原始社会的氏族部落，跳舞是一种普遍性的活动，人们常常用动作或舞蹈来表达和抒发自身的各种情感，如氏族部落为了庆祝丰收，或是为了祈求雨水和阳光而舞蹈。他们身躯着色，在篝火的衬托下，穿着精心制作的草裙，利用能够激发情趣的节奏来刺激舞蹈者的感受。原始社会的这些舞蹈不仅满足了人们当时的社会生活和身心发展需要，更重要的是它产生了我们今天的体育舞蹈。

伴随着人类文明的发展和思想上的巨大进步，跳舞成为社会娱乐和礼节必不可少的手段。犹如语言和服装一样，舞蹈开始反应生活方式的变化并成为文化遗产。从古希腊的文明到中世纪的欧洲，民间舞蹈文化随着社会的变革，逐渐地产生了分化：即以宫廷舞为代表的贵族文化和以民间舞为代表的大众文化。

（二）体育舞蹈的演变

大体上来说，体育舞蹈经历了原始舞蹈—公众舞—民间舞—宫廷舞—社交舞—新旧国际标准交际舞等发展阶段。

熟悉体育舞蹈发展历史的人大都知道国际标准的制定与实施对现代体

育舞蹈的完善起到了无可比拟的促进作用,它不仅仅在国际上形成了统一的舞步规范标准,更重要的是使各国艺术家们相互交流、共同探讨和提高技艺有章可循,为国际比赛的进行提供了前提条件和评判依据。从20世纪20年代至今,经过许多艺术家们不懈的努力和英国皇家舞蹈协会的专业教师协会对教材不断的评审与更新,高度文明典雅的体育舞蹈宛若一颗璀璨的明珠镶嵌在世界舞坛上,逐步走向艺术的高峰。

体育舞蹈发展到今天,已成为风靡世界的体育运动项目。其独特的锻炼形式、丰富的文化内涵和愉悦身心的良好效果,吸引着越来越多的人参与,促进了不同国家、地区、民族之间的文化交流,增进了各国人民的友谊。

四、体育舞蹈国内发展史

我国体育舞蹈的开展受西方文化的影响。体育舞蹈自诞生之日起,曾先后通过中西方外事交往、商贸往来和留洋归国人员等多种渠道传入我国,并在我国以交谊舞的名字为大众所熟知。交谊舞率先进入上海市,从近代至现代的一百多年的发展历程中,这种西方文化就在中国广泛传播开来了。

目前,全国多数省、自治区、直辖市都拥有大批体育舞蹈爱好者,总人数达数十万之多。广东、上海、北京等地更是有一批优秀选手脱颖而出。因此,从整体上说,2000年至今我国的体育舞蹈发展处在相对独立的时期,体育舞蹈组织管理机构的层次性、运动技术的完善性得到了有效完善,体育舞蹈竞赛、裁判的制度化都得到了全面提高,呈现出社区、学校、培训机构和媒体等多渠道传播模式,健身性的体育舞蹈也顺应全民健身大潮被逐步地纳入竞赛和表演体系。体育舞蹈在中国基本确立了独立地位,其间有创新、有成就、有空间,也有不足。

现代体育舞蹈流入中国时间并不长,但已有芬芳满园之势。如今,无论是在大中城市的舞厅和体育场馆,还是在大专院校的课堂和自娱性的舞会上,都能领略到其绰约的风采。我们相信,中国体育舞蹈的明天,必将迈向辉煌。

第三节　分类与特点

一、体育舞蹈的项目分类及其发展研究

体育舞蹈按舞蹈的风格和技术结构,分为现代舞(摩登舞)和拉丁舞两大类。按竞赛项目可分为三大类:现代舞、拉丁舞和团体舞。现代舞包括华尔兹、探戈、狐步、快步和维也纳华尔兹五种舞;拉丁舞包括伦巴、桑巴、恰恰、牛仔、斗牛舞五种舞。

(一)现代舞

1. 现代舞的定义与整体特点

现代舞(Modern Dance),又称摩登舞,是20世纪初在西方兴起的一种与古典芭蕾相对立的舞蹈派别。其主要美学观点是反对古典芭蕾的因循守旧、脱离现实生活和单纯追求技巧的形式主义倾向,主张摆脱古典芭蕾舞过于僵化的动作程式的束缚,以合乎自然运动法则的舞蹈动作,自由地抒发人的真实情感,强调舞蹈艺术要反映现代社会生活。

现代舞的特点是由贴身握抱的姿势开始,沿着舞程线逆时针方向绕场行进。步法规范严谨,上体和胯部保持相对稳定挺拔,完成各种前进、后退、横向、旋转、造型等舞步动作。具有端庄典雅的绅士风度。曲调大多抒情优美,旋律感强。服饰雍容华贵,一般男着燕尾服,女着过膝蓬松长裙。现代舞具有端庄、含蓄、稳重、典雅的风格和绅士风度。舞步流畅,轻柔洒脱,舞姿优美,起伏有序,音乐节奏清晰,舞蹈富于技巧性,是老少皆宜的舞系。

2. 现代舞历史与发展研究

19世纪末20世纪初,欧洲一批舞蹈家尝试着创立一种与传统的古典芭蕾舞不同的舞蹈样式,以打破古典芭蕾独霸舞坛的局面。这一要求的提出,就舞蹈家们各自的动机来说,是不尽相同的;但从客观方面来说,它反映了

在当时欧洲的社会形势下,资产阶级哲学和艺术思潮对舞蹈发展的必然影响。因此,这些舞蹈家的活动很快形成了一股舞蹈改革的浪潮,在德国、美国和世界各地产生了巨大的影响。

在现代主义舞蹈诞生前,有两位音乐家的活动值得一提。一位是法国的弗朗索瓦·德尔沙特,他发现人体外部动作与内在情绪有着天然联系,而被古典芭蕾舞忽视的人体躯干收紧松弛的动作则具有非同一般的表情作用。另一位是瑞士的埃米尔·雅克·达克罗斯,他创造了用人体动作显示音乐节奏的教学法,启发了舞蹈家进行"音乐视觉化"的尝试,并寻求较为自由的舞蹈表情方式。这两位音乐家的活动,为现代主义舞蹈的诞生,不仅做了舆论准备,而且在一定程度上也做了技术上和理论上的准备。

(二)拉丁舞

1.拉丁舞历史研究

拉丁舞的起源追溯起来相当的复杂,它的每一个舞种都起源于不同的国家,有着不同的背景、历史和发展历程,不过其中绝大多数都来源于美洲和非洲地区,而它们又是三种文化的融合体。

中国有很多艺术类和体育类院校开设国标舞或体育舞蹈专业,拉丁舞从之前的沿海地区蔓延到内地省会,再到县市,现在开始向农村城镇发展。目前专业的拉丁舞人才辈出,国内外赛事成绩拔萃。

古巴是拉丁舞和拉丁音乐的发源地。最初,拉丁的音乐和舞蹈是人们庆祝胜利或丰收的一种表达方式,后来渐渐发展为年轻人相互表达爱慕之情的一种方式。在其发展的过程中,拉丁舞曾因为动作过于热情、表达情感过于直率又没有任何约束而受到排斥,但这并没有影响到拉丁舞的发展,令人无法抗拒的魅力终使拉丁舞风靡世界。

拉丁舞具有热情、奔放、浪漫的风格特点。舞蹈动作豪放粗犷,速度多变,手势和脚步内容丰富,充满激情,音乐节奏鲜明强烈,尤为中青年人所喜爱。

2.拉丁舞发展现状

(1)国内外拉丁舞竞争性强

拉丁舞最注重的是训练。就国内形势来看,我们要充分利用自身的条件和对拉丁舞的浓厚兴趣,加强对拉丁舞的训练,创造良好的社会环境,提高舞者的形体素养,加上学校的教学课程安排,使更多学生对它产生兴趣,并举办一系列的舞蹈比赛,使市民增加对舞蹈的了解,增添生活色彩,并在人们心中得到良好的评价和尊重。就国外形势来看,他们早已具备系统科学的舞蹈体系,并且艺术精神热烈,具有很强的感染力。

（2）舞者的形体素质有待加强

初学的舞蹈选手往往缺少基础素质练习所必需的耐性。随着拉丁舞技术难度不断加大,动作速度加快,力度加大,选手的运动程度也相对加大,对选手的形体素质要求越来越严格,导致一些舞者的心理及形体接受不了而无奈放弃,这种半途而废的现象在当今是普遍发生的。通过文献资料和调查得知,舞者在形体素质方面,需要进一步加强基本功水平、专项技术、形体形态、对动作的理解能力和对音乐的感受能力等因素。

（3）发展态势不均衡,呈东强西弱

我国拉丁舞的运动技术水平虽然在短时间内有了长足的进步,一些单项如伦巴、恰恰恰等接近国际水平,但由于各种因素的影响,与世界高水平国家如德国、英国等相比还有差距。自1991年中国体育舞蹈协会成立以来,共举办了接近20届全国体育舞蹈锦标赛,全部的冠军中,东部沿海的广东、浙江、江苏、上海、香港、台湾等占了80%以上,而西部的大部分省份连组队参赛的实力都不具备。我国体育舞蹈发展极不平衡,呈明显的东强西弱的态势。

（三）团体舞

随着体育舞蹈运动技术的不断发展,体育舞蹈团体舞受到了各国舞蹈者的重视。目前,世界体育舞蹈中团体项目发展走在前面的国家是德国。德国有许多协会参与和支持体育舞蹈团体舞的发展,他们每年组织大大小小的表演与比赛,还有专门的网站以及音乐制作公司。他们的体育舞蹈团体舞队形创编的技术可以说是到了炉火纯青的地步,已成为各国学习的榜样,其他国家在体育舞蹈团体舞方面的实力相对落后。

体育舞蹈团体舞作为体育舞蹈竞赛的一个项目,属于技能主导类表现唯美的项群,类似于艺术体操、健美操、花样滑冰、花样游泳等项目,因此,在团体比赛的时候要根据竞赛规则和规程的要求创编具有一定难度,具有艺术性和观赏性的成套动作,体育舞蹈团体舞竞赛是 8 对选手进行集体表演,因此在竞赛中队形的变化、动作的编排显得尤为重要。另外,体育舞蹈团体舞蹈比赛项目的设立既能提高体育舞蹈比赛竞技性、观赏性和艺术性,又能健全充实赛事内容,扩大赛事影响,同时还能为体育舞蹈早日成为奥运会比赛项目而助一臂之力。

同一系列的各舞种除在风格和内容上有其共同特点之外,每个舞种在步伐、节奏、技术处理以及风格上都有自己的独特之处。

二、各舞种的源流与特点

(一)华尔兹(Waltz)

华尔兹一词,据考证是大约在 1780 年前后出现的,最初来自古德文"Walzl",意思是"滚动""旋转"或"滑动"。而 3 拍子"蓬嚓嚓"节奏的圆舞则很早之前就流行于欧洲,特别是在德国巴伐利亚和奥地利维也纳一带的农民中。至于华尔兹类型的舞曲,则早在 17 世纪就演奏于哈普斯堡的皇家舞会上。华尔兹是体育舞蹈中历史最悠久的。

尽管华尔兹这种自娱舞蹈形式早已流行于农村,但它能够成为城市民众的舞蹈时尚,却是有其社会变革和艺术趣味等多方面的原因。18 世纪末的法国大革命及其在欧洲各国的激烈影响、工业革命的兴起以及工人阶级的大规模出现等等,使人们对自娱性舞蹈风格的要求发生了巨大的改变。曾一度广为流行的小步舞和加伏特舞因其刻板、拘谨的风格而被淘汰。形体轻松自然、风度飘逸洒脱的华尔兹一时间成了人们(特别是法国人)更能自得其乐的方式。

华尔兹的风格特点是庄重典雅,华丽多彩。其动作流畅起伏,婉转多变;舞姿飘逸优美,文静柔和。舞蹈时,男伴似王子气宇轩昂,女伴似公主温文尔雅,雍容大方。华尔兹舞步在速度缓慢的三拍子舞曲中流畅地运行,因有明显的升降动作而如一起一伏连绵不断的波涛,加上轻柔灵巧的倾斜、摆荡、反身和旋转动作以及各种优美的造型,使其具有既庄重典雅、舒展大方、又华丽多姿、飘逸欲仙的独特风韵。它因此而享有"舞中之后"的美称。

(二)探戈(Tango)

探戈舞起源于非洲中西部的民间舞蹈探戈诺舞,据说是情人之间的秘密舞蹈,所以男士原来跳舞时都佩戴短刀,现在虽然不佩戴短刀,但舞蹈者必须表情严肃,表现出东张西望,提防被人发现的表情。其他种舞蹈跳舞时都要面带微笑,唯有跳探戈时不得微笑,表情要严肃。

在世界范围内,探戈一般可以分为阿根廷探戈、英式探戈、美式探戈、台湾探戈、竞技型探戈五个类型。

探戈舞步独树一帜,斜行横进,步步为营,俗称"蟹行猫步"。探戈动作刚劲锐利,欲进又退,欲退还前,动静快慢,错落有致,沉稳中见奔放,闪烁中显顿挫。探戈的音乐中庸,气氛肃穆,以切分为主,听之铿锵有声,振奋精神。

(三)狐步舞(Slow Foxtrot)

狐步舞起源于美国黑人舞蹈,早在1900年就出现狐步舞,是由美国舞厅舞专家维隆·凯萨贤优俪模仿马走路而创编,舞步简单,当时十分流行。1913年哈利·福克斯在这个基础上编创含着美国新黑人爵士节奏的舞蹈,推出了自行设计的滑稽歌舞在纽约电影院的屋顶花园首次公演,由福克斯与燕奇·杜丽主演,出乎意料地获得满堂喝彩,掌声雷鸣。因此在美国及欧洲一些国家迅速风行,被称为"福克斯"舞,后由英国舞蹈专家约瑟芳·宾莉改编成为英国式舞蹈。1928年方始进入我国第一个码头上海滩,由于"福克斯"英文翻译是狐狸的意思,中国人将其称作狐步舞。

狐步舞意外地掀起了一场舞厅舞运动,同时它是所有舞厅舞中,意义最为重大的发展成果。其2/4拍的快步与慢步有对比的组合,使舞者感到非常舒服。拉格泰姆的舞蹈,如一步舞,虽然舞步欢快活泼,但自始至终的一种节奏不免使舞者感到单调乏味、容易疲劳。狐步舞由于受到新一代舞者的狂热喜爱而得到了极大的丰富,出现了大量的变体形式。

狐步舞的风格特点是流动感强,动作轻盈,舒展流畅,平稳大方,悠闲从容。前进时的步法是与地面轻轻地摩擦移动,后退不能将鞋跟重重地在地板上做拖曳。步幅大,不并步的长线条没停顿动作,舞步不能间断,要连续流畅、方位多、连续进退,上身采用反身动作位置,反身不能过大。前进或后退用半身引导时要让力量保持向前或向后。舞伴两人没有断裂的形体维持巧妙的接触,舞步衔接圆滑,同时狐步舞技术中大量运用了跟转的动作,更加突出舞蹈的特性。在动作衔接中呈现出降中有升,升中有降的线形流动状。

狐步舞音乐优雅,节奏为4/4拍,每分约30小节,节奏分为快和慢,快占1拍,慢占2拍。狐步舞速度中庸,节奏明快,情绪幽静而文雅,基本节奏与探戈相反,是慢快快(SQQ)。

(四)快步舞(Quickstep)

快步舞起源于英国,最早原是黑人的土风舞,以后逐渐演变。快步舞与波尔卡、茶尔斯顿有着密切的相互关系。波尔卡是捷克民族舞蹈,早在1825年就有记载,后来传到法国首都巴黎,著名的舞蹈家采拉利乌斯把它带进沙龙,在1840年公开露面,到1844年就风靡世界,在欧洲舞坛上和华尔兹媲美。早期的快步舞和狐步舞连在一起,流传到英国后经过演变,逐步发展并成为快步舞。20世纪初期得到发展至1924年英国皇家舞蹈教师协会公开发表慢狐步舞与快步舞分开,从此快步舞才从狐步舞中脱离。因此快步舞是吸收狐步舞的动作,后又是引入芭蕾的小动作,使舞蹈动作更显轻快灵巧。

(五)维也纳华尔兹(Viennese Walta)

维也纳华尔兹的起源要追溯到十二、三世纪并发现于一种叫作"Nachtanzw"舞里。维也纳华尔兹起初来自巴伐利亚,过去称之为"German"。然而,另外一些人对维也纳华尔兹的这个起源持有疑问。1882年1月17日,有一篇出现在巴黎杂志上的文章—"La Patrie"(祖国),声称华尔兹是1178年首次在巴黎出现的,当时不是叫华尔兹这个名字,应该是以普罗旺斯(法国东南部一地区)的Volta命名的。大概这种舞是3/4节奏,法国人认为他们是维也纳华尔兹的先驱。

维也纳华尔兹舞的风格特点是动作舒展大方,连绵起伏,节奏清晰,旋律活泼,动作优美,舞步轻快流畅,旋转性强。维也纳华尔兹舞的音乐是 3/4 拍,每分钟 60 小节。在比赛中常放在第五个舞种进行,要求选手有充沛的体力才能从容地完成。

(六)桑巴(Samba)

桑巴舞起源于非洲。"桑巴"一词据说从非洲的安哥拉第二大部族基姆本杜语中的"森巴"演变而来。"森巴"原是一种激昂的肚皮舞,顾名思义,这种舞蹈以上下抖动腹部、摇动臀部为主要特征。这是安哥拉最流行的一种舞蹈动作,后来随着贩卖黑奴活动的兴起而开始向外传播。从 16 世纪 30 年代到 19 世纪中叶的 300 多年中,葡萄牙殖民者从安哥拉和非洲其他地区向巴西贩卖黑奴 1200 多万。在把黑奴塞进船舱运往新发现的大陆拉丁美洲的时候,白人奴隶贩子担心路途遥远,黑奴在船舱中一窝几十天,到岸时腿脚不灵便,卖不出好价钱。因此,他们就每天把拥挤在船舱中的黑奴赶到甲板上,以敲打酒桶和铁锅为伴奏,让他们跳一通桑巴舞,活动筋骨。这样,殖民者本想增强黑奴这种特殊商品的竞价力的举动,就把这种流行于非洲的舞蹈无意中带到了拉丁美洲。

桑巴舞最早流行于巴西的巴伊亚州首府萨尔瓦多一带,这里是葡萄牙人最早在巴西登陆殖民的地方。被贩卖到种植园和采矿场的黑奴,在繁重的劳动之余,以跳这种家乡舞苦中作乐。他们的舞蹈也就逐渐吸收了来自欧洲的波希米亚的波尔卡舞、来自古巴的哈巴涅拉舞和巴西当地流行的马克西克歇舞的一些因素,逐渐形成桑巴舞。

桑巴舞风格粗犷,起伏强烈,舞步奔放、敏捷,富有强烈的感染力。由于它在移动时沿舞程线绕场进行,因此它是拉丁舞中进行性的舞蹈。桑巴舞音乐是 2/4 拍,每分 48~56 小节。

(七)恰恰(Cha Cha Cha)

在国际标准舞拉丁系列中,恰恰舞的历史最年轻,故无辉煌历史,但由于资料文献可归纳:恰恰舞是在 30 年代由曼波舞及美式 Lindy 舞演变而成;或是,约在 50 年代于美国的舞厅中出现,紧跟在曼波舞之后而由曼波舞演变而成。恰恰舞与它的前身曼波舞几乎同时传入欧洲,而在第二次大战后约1956年恰恰舞大大流行,并使得曼波舞靠边站。

恰恰舞由非洲传入拉美后,在古巴获得很大的发展,它是模仿企鹅姿态创编的舞蹈。在动作编排上一反男子领舞的习惯,男女动作不求统一整齐,且多半是男子随后。

恰恰舞的音乐曲调欢快有力,4/4拍,每分29~32小节,4拍跳5步SSQQS(2、3、4&1)。恰恰由于名称动听,节奏欢快易记,邦伐斯鼓和沙球的咚咚沙沙声与动作相吻合,舞蹈又有诙谐、花哨的风格,所以备受欢迎,是拉丁舞中最流行的舞蹈。

(八)伦巴(Rumba)

在古巴,乡村伦巴被认为是一种家禽的哑剧表演,其观赏性超过了大众的参与性。当跳舞的时候,需保持肩膀的平稳,这可是来源于背着沉重的物品而移动的奴隶的肩膀特点。这种步法称为Cucaracha,舞者如同在大车的辕上游走。伦巴的流行曲lapaloma,1886年开始在古巴为人所知。舞步以扭胯、捻步、抖肩为主。伦巴的动作中,男性的进攻性很强,而女性的动作充满了防御氛围。伦巴这个名字是对一部分舞蹈的统称,涵盖了很多舞蹈子类(比如Son,Danzon,Guagira,Guaracha,Naningo)等,作为印第安人音乐或舞蹈的一种形式,每个岛屿上的确切定义都不尽相同。伦巴舞有两个来源:西班牙人和非洲人。虽然可考的主要的发展是在古巴,但在加勒比海其他地区也普遍发展了类似的舞蹈形式。

伦巴起源于16世纪黑人奴隶社会,伦巴的动作中,男性进攻性很强而女性的动作则充满了防御的氛围。音乐通过敲打STACCATO和舞者传神的动律保持一致,其他用到的乐器还有maracas,claves,marimbola和一些鼓类。

现代伦巴舞是古巴舞蹈吸收16世纪非洲黑人舞蹈和西班牙"波莱罗"舞蹈逐渐完善的。舞蹈动作曾经受雄鸡走路启发。16世纪,古巴有许多贫穷的黑人奴隶被白人送至美洲。由于他们在古巴被压迫,生活困苦,受到不平等的待遇,再加上思乡情切,因而产生悲伤的民歌。慢慢地,这种悲伤心情的歌曲受当地气候的影响,而变成催眠式、懒洋洋的音乐,再加上拉丁美洲特有的打击乐器,而使伦巴舞曲变得更富有罗曼蒂克的气氛。

身在古巴的悲惨黑人奴隶会随着这种音乐起舞以发泄情绪,而形成伦巴。今日的伦巴已丧失了悲伤的气氛,但催眠式的演奏气氛仍然很浓厚,暖昧的肢体动作,音乐缠绵浪漫。用来表达男女之间的倾慕之情。胯部的摆动是伦巴最优美的舞步,充分表现女性的风韵魅力,带有典型热情气息的舞蹈,所以也有拉丁舞灵魂之称。

美国于19世纪30年代引进伦巴,以复合舞蹈的形式,把Guaracha,Son和古巴Bolero舞与这种乡村伦巴舞相结合。1935年,因为在电影《伦巴舞》中George Raft饰演的温柔的舞者的角色赢得女继承人的欢心,伦巴在美国变得非常流行。20世纪20年代后,伦巴传入欧洲、北美,并吸收了爵士乐和其他舞蹈因素,伦巴是拉丁音乐和舞蹈的精髓和灵魂,引人入胜的节奏和形体表现使得伦巴成为舞厅中最为普遍的舞蹈之一。美国人对伦巴舞的兴趣完全是由于1929年大批旅游者出国观光引起来的。1930年出版的歌曲集《卖花生的人》一下子就使他们发现了拉美音乐这个舞蹈音乐的源泉,之后出现的拉美乐队使这种舞蹈更为普及。美国人跳伦巴舞大概受了四方舞的影响,构图总喜欢四四方方的,很像华尔兹,但步子要小得多。他们抓住了古巴人臀部动作时重心移动的小心谨慎劲儿,但跳得更有表演力。英国人跳伦巴,则是采用了地道的古巴进退动作,受到古巴人的赞许。

伦巴舞的音乐缠绵、浪漫,舞蹈风格柔媚、抒情,是表现爱情的舞蹈,与其他拉丁舞不同的特点是舞步运行中,髋部富有魅力地扭摆,上身自由舒展,在抑扬的韵律节奏下,具有文静、含蓄、柔媚的风格,更加展示了女性婀娜多姿的美态。因此,也有人把伦巴舞的特点归结为稳中摆、柔中韧、快合慢。

稳中摆:伦巴舞的动律产生于劳动,劳动的黑人头顶大筐搬运香蕉等水果时,要求上身平稳,走起来上压、下顶,形成臀部的摇摆。因此跳伦巴舞时,要求保持脊椎直和两肩平,臀部的摇摆则是由于重心的转移自然形成的,而不是故意摆动臀部。当脚出步时,脚掌用力踩地,膝部稍屈,这时另一条腿的膝部是直的,当重心移到出步的脚,脚后跟放下,胯部随之向侧后方摆动,另一条则放松稍屈。整体感觉是提气,平稳地控制住上身,而臀部则不停地自如摆动。

柔中韧:出步后,膝部使劲顶直,臀部的摆动看起来轻快柔和,而实则内部用力,有一股内存的韧劲,因此跳伦巴舞时间长了会有臀部的酸胀感。

快合慢:伦巴舞用四拍走三步,节奏为快快慢,快步一拍一步,慢步两拍一步。臀部是走三步摆三下。它的出脚动作迅捷,无论快步或慢步都是半拍到位,而臀部的摆动则是快步占一拍,慢步占两拍。实际上是四拍三步中,每步都是半拍脚步到位,而臀部则是不断地左、右摆动。这种上、下、慢、快矛盾统一的运动,形成了伦巴舞有特色的动律。

伦巴舞因在拉丁舞中历史最悠久,舞型成熟和它那异国情调的独特风格,被誉为"拉丁舞之魂",伦巴舞音乐4/4拍,4拍走3步,每分27小节。

(九)斗牛舞(PasoDobie)

斗牛舞源于法国,盛行于西班牙,系据西班牙斗牛场面创作而成。Pasodoble 是西班牙文,意思是"两步",是一种两步舞。跳"斗牛舞"的时候,男女双方扮演不同的角色,男士象征斗牛士,一名身手矫健的斗牛士,而女士则象征斗牛士用以激怒公牛的红色斗篷,所以女士有相当大的跳跃、旋转动作,男女动作都相当舒展、激烈,和音乐配合非常一致。斗牛舞中,男伴(斗牛士)的角色比在其他任何舞中都重要。因此"斗牛舞"也被称为"男人的舞蹈"。

"斗牛舞"的特点:音乐雄壮,舞态豪放,步伐强悍振奋,风格独特。斗牛舞舞蹈技巧要求动作的力度要强,强调头部和视线的协调性,尤其是对于眼睛的神态和视线的要求,要充分表现出如同真实斗牛时的追逐牛、挑动牛的眼神。斗牛舞的舞姿挺拔,无胯部动作及过分膝差屈伸,重心旅前。舞步的重心在脚底,但是绝大多数向前的舞步都是脚跟的动律。并以脚掌平踏地面完成舞步,以表现极具节奏感、淋漓尽致的舞步动律,使整个舞蹈的表演动人心弦。斗牛舞对舞者有特殊的要求,男舞者的角色尤其重要,因此斗牛舞也被称为"男人的舞蹈",要求表现出斗牛士的勇猛坚强、潇洒挺拔、阳刚和热情;女舞者要突出线条优美,自由流畅,要有大幅度的旋转动作及跳跃,要表现出迷人的优雅。

斗牛舞的音乐为2/4拍,每分60小节,一拍跳一步。

（十）牛仔舞（Jive）

牛仔舞起源于美国，是由一种叫"吉特巴"的舞蹈发展而来，牛仔舞剔除了"吉特巴"中所有的难度动作，增加了一些技巧。最早对牛仔舞的记载见于伦敦舞蹈教师 Victor Silvester 于 1944 年在欧洲出版的一本介绍牛仔舞的书中。波普、摇滚、美国摇摆舞都对牛仔舞有着一定的影响。牛仔舞是一种节奏快，耗体力的舞。在比赛中，牛仔舞之所以被安排在最后跳是因为选手们必须让观众觉得，在跳了前四个舞之后他们仍不觉得累，还能很投入地迎接新的挑战。

牛仔舞舞曲欢快，有跃动感，舞步丰富多变，其强烈的扭摆和连续快速的旋转，常使人眼花缭乱，亢奋热烈，牛仔舞音乐为 4/4 拍，每分 44 小节。

三、体育舞蹈的特点

体育舞蹈是由属于文艺范畴的舞蹈演变而来的新型体育项目，它兼有文艺和体育的特点，是介于文艺和体育之间的项目，是以竞赛为目的的，具有自娱性和表演观赏性的竞技舞蹈。除了具备舞蹈艺术的一般特征外，还具有以下三个特点。

（一）严格的规范性

体育舞蹈严格的规范性首先表现在体育舞蹈是一个完整的舞蹈系统，如同中国古典舞和西方芭蕾舞一样，它经过数百年历史的锤炼和几代人的加工，从民间舞逐步演变而来，再经过权威舞蹈家协会的整理规范，有着系统内部严格的准则和要求。这种严格的规范性贯穿了体育舞蹈由教学到表演的全过程。

其次表现在体育舞蹈动作技术的规范性上。体育舞蹈每一个动作都有严格的技术规范，多一分嫌过，少一分则不足，要求做到恰到好处。不同种类舞蹈的手势、造型、步伐都要按严格的技术规格去完成，舞步中的形体位置、角度和在舞场中的方向必须符合要求。

最后，体育舞蹈严格的规范性还体现在对竞赛外部条件的严格规范上。为了提高体育舞蹈的竞技水平，也为了使比赛在公正、公平的原则下进行，世界舞蹈和竞技舞蹈总会(WDDSC)统一制定了竞赛规则、规程和方法,并在实践中不断修订和完善。除去上述的规定,比赛还对所使用的场地、比赛时间的长短、选手的着装以及场内使用的灯光都有着严格规定。可以说,体育舞蹈是最规范的舞蹈。因此,要想在竞技中取得好成绩,舞者必须从点滴注意规范自己的舞蹈动作,并要适应比赛的场地等。

(二)表演观赏性

体育舞蹈融音乐美、舞蹈美、服装美、风度美、体态美于一体,在表演过程中,可以传递给观众遍及视、听两种感官,全方位立体的审美享受,具有极强的艺术欣赏价值,被认为是一种"真正的艺术"。

(三)体育性

体育舞蹈的体育性一方面体现在竞技性上,通俗地来讲,就是指体育舞蹈注重比赛成绩,以获得优秀成绩为目标。体育舞蹈是国际经济型项目之一,它与其他竞技体育一样,选手们要在规定的条件下尽情展示自己的才能,并在得到评委们的认同中获得成绩和排名,得到一定的奖励。因此,赛场上的竞争成为必然。

另一方面,体育舞蹈的体育性体现在它天然具有的锻炼价值上,从20世纪60年代至今,许多科研人员对体育舞蹈的生理和心理做过群体研究,通过对人体能量代谢、能量消耗和心率变化的测定,显示出:华尔兹和探戈的能量代谢为7.57,高于网球7.30,与羽毛球8.0相近;体育舞蹈的最高心率为:女子197次/分,男子210次/分。可见,体育舞蹈能够明显地引起人的良性的生理变化,是陶冶情操、锻炼体魄的一种极好的方式。

第二章 高校体育舞蹈课程概述

第一节 高校体育舞蹈课程的科学理论

一、生理学基础

一切事物都有自己的发展规律。只有了解、遵循和掌握规律,才能事半功倍。在高校体育舞蹈课中,掌握好人的生理特点,可以更好地避免运动损伤,更好地促进运动水平的快速提高。高校体育舞蹈课程蕴含着丰富的生理学知识,主要涉及物质代谢、能量代谢、人体生长发育规律及对身体各系统的影响,也是高校体育舞蹈课程的生理学基础。

(一)体育舞蹈与物质代谢

在高校体育舞蹈课中,人是活动的主体。人体从食物中摄取的糖、脂肪、蛋白质、维生素、无机盐、水和其他物质,这些是人体能量的主要来源。物质代谢包括两个相互关联的过程,即合成代谢和分解代谢。高校体育舞蹈的物质代谢主要包括糖代谢、脂肪代谢、水盐代谢和蛋白质代谢。人体从食物中获得的糖、脂肪、盐、蛋白质等营养素,通过消化吸收,经过一系列代谢过程,其中一些被用来构建和更新人体的成分和组织;一部分通过相应的分解代谢释放其中所含的化学能,并通过转化提供人体参与运动所需的能量。

1. 糖代谢

糖在人类正常的生产生活和体育运动中起着非常重要的作用。它不仅是人体细胞的重要组成部分,也是人类参与体育运动的重要能量来源之一。

一般来说,人体每天所需能量的70%左右由体内的糖提供,与脂肪和蛋白质相比,糖在氧化过程中需要的氧气更少。因此,糖已成为肌肉和脑细胞活动所需能量的首选,是人体最经济的能源供应。对于高校体育舞蹈来说,人体代谢糖的量与体育舞蹈的运动负荷密切相关。不同运动负荷的人体糖代谢有很大差异。一般来说,糖不仅能提供人体所需的能量,还能将多余的糖转化为脂肪和蛋白质。在人体内,肌肉糖原的储量最大,约为 350 ~ 400 g。因此,在进行体育运动和舞蹈时,首先使用肌糖原。在大学体育舞蹈课中,持续运动时间越长,人体肌肉中的肌糖原就会耗尽,血糖就会下降。此时,通过肝糖原的分解,它将进入血液。肝糖原和血糖之间的关系非常密切。人体内的肝糖原储备量约为 75 ~ 90 g。

在安静状态下,正常人血糖浓度的变化范围为 $3.9 \sim 5.9$ mol/L。经常参加大学体育舞蹈课程的运动员与正常人之间没有差异。如果参加时间过长,人体内的血糖水平会逐渐下降,这将直接导致运动员运动能力的下降。结果表明,不同类型体育舞蹈的血糖浓度变化趋势不同。

训练前后,不同类型的体育舞蹈会引起不同的血糖浓度变化,这主要是由于不同的训练强度和训练内容,以及神经系统的兴奋性不同。

2. 脂肪代谢

脂肪是有氧代谢训练的主要能量物质。大部分储存在皮下结缔组织、内脏周围、肠系膜等。脂肪在体内的储存会随着新陈代谢而不断更新。对于身体脂肪的含量,体育舞蹈本身就有更高的要求。因此,我们应该充分了解脂肪的代谢过程,以便更好地开展高校体育舞蹈教学。

(1)脂肪在人体内的代谢过程

脂肪具有良好的疏水性。在摄入体内的各种乳化剂的帮助下,它形成相应的乳状液,并在身体的水环境中被酶水解。脂肪经酶水解后可形成甘油、游离脂肪酸和单酰甘油,以及少量的二酰甘油和未消化的三酰甘油。脂肪通过小肠上皮细胞直接吞噬脂肪颗粒,或脂肪颗粒中的各种成分进入小肠上皮细胞形成乳糜颗粒,被吸收。乳糜微粒和大分子脂肪酸进入淋巴管。甘油和小分子脂肪酸溶于水并扩散到毛细血管中。最终,脂肪被分解成二氧化碳和水。

（2）体育舞蹈运动中的脂肪代谢

在体育舞蹈的过程中，研究表明，只有长期的有氧运动才能调动脂肪获取能量。运动时间越长，脂肪的功能比例就越大。体育舞蹈作为一种有氧运动，可以促进人体脂肪酸的氧化和利用，改善其能量供应。长期坚持这项运动可以提高血脂水平，降低血浆 LDL 含量，增加血浆 HDL 含量，消除体内多余脂肪的积累，有效改善身体成分，具有更好的减肥塑身功能。

3. 水盐代谢

（1）水代谢以及对体育舞蹈运动中人体的影响和作用

水是人体中最具流动性的成分，主要分布在各种组织、器官和体液中。水代谢人体具有非常重要的意义，可以保持体温。水高比热、温度不容易改变，但进行体育舞蹈运动时，身体产生热量的增加或减少将导致温度显著改变。因此，少量的汗水蒸发，可以消耗大量的热量。这有助于身体释放大量的热量，以更好地保持内部环境温度的稳定。

（2）无机盐代谢以及对体育舞蹈运动中人体的影响和作用

作为人体组织的重要组成部分，无机盐维持渗透压和酸性血液的各种功能。进行体育舞蹈运动时，最好不要一次性喝大量的水，这样很容易导致稀释血容量的增加，从而增加心脏的负担。此外，大量的水进入胃，将超过人体的吸收率，保留水会冲淡胃液，影响消化。如果继续锻炼后喝大量的水，水在胃里晃动，会引起呕吐或不适。因此，体育舞蹈运动水的摄入应该遵循"少量多次"的原则。一般 10 ~ 15 min，在你开始时，喝 400 ~ 600 mL 水，临时储备来增加身体的水，在运动中时，也可以每 15 ~ 20 min 喝 100 ~ 150 mL 水，既能保持体内水平衡，更好地保持运动的生理功能，减少心脏和胃的负担。

4. 蛋白质代谢

（1）人体内蛋白质的代谢情况

氨基酸不仅是蛋白质的重要组成部分，也是蛋白质的基本单位。在人体内，蛋白质起着非常重要的作用，如细胞的构建、修复、再合成和自我更新，激素、酶和其他生物活性物质的合成，也是人体重要的能量物质。

在人体内，蛋白质被消化并分解成氨基酸，然后被小肠吸收。通过吸收,几乎所有蛋白质都可以通过毛细血管进入血液,蛋白质可以在各种组织中再次合成。最后,经过脱氨和其他代谢过程,它被分解成二氧化碳、水和氨。在分解代谢过程中,氨基酸会释放能量。

在新陈代谢过程中,糖和脂肪可以储存在体内,而蛋白质则不同。如果蛋白质过多,它会被肝脏分解并由肾脏排出。因此,正常人在日常生活中每天的蛋白质摄入量是确定的,即每天的摄入量几乎等于消耗量,从而维持体内蛋白质的平衡。

体育舞蹈可以促进蛋白质分解和合成代谢。通过体育舞蹈,部分蛋白质被消耗,许多组织细胞被破坏,从而加强蛋白质的修复和再生过程。因此,运动结束后,应进行有针对性的蛋白质补充,以保持体育舞蹈演员的肌肉素质,获得良好的体育舞蹈效果。

(2)补充蛋白质对体育舞蹈运动的影响

根据相关研究,将亮氨酸、异亮氨酸和缬氨酸按2∶1∶1的比例混合制成的食品是促进人类肌力快速增长的最关键和最基本的物质。特别是在大负荷运动舞蹈训练后,它能满足人体对蛋白质的需求。因此,在运动舞蹈训练中,这种混合物也被认为是运动舞蹈训练后最理想的营养补充。亮氨酸不仅是肌肉蛋白质的结构分子,还能增强体内三种关键物质,促进合成激素的释放,抑制分解作用。此外,它还能促进体内胰岛素和生长激素的快速分泌,从而创造良好的激素环境,抑制运动和舞蹈中对人体不利的肌肉细胞破坏因素。这种混合物可以在促进肌肉纤维中主要蛋白质代谢方面发挥非激素作用。因此,使用这种混合物可以最大限度地减少蛋白质在体内的破坏和分解,从而促进体育舞蹈演员肌肉力量的大量快速增长。因为这种混合物的主要功能是促进人体蛋白质的合成,所以服用这种混合物的最佳时间是在运动后的恢复阶段,而不是运动前。

对于体育舞蹈演员来说,肌肉力量和质量非常重要,决定肌肉力量和质量的关键是谷氨酰胺是否充足。因此,为了提高运动强度和质量,可以在体育舞蹈过程中补充谷氨酰胺。谷氨酰胺具有很高的生物学价值,因为它与几乎所有其他氨基酸不同,它只含有一个氮原子,谷氨酰胺含有两个氮原子。在体育舞蹈中进行高强度运动后,肌肉中的谷氨酰胺含量会减少40%

以上。因此,补充谷氨酰胺是超负荷运动后快速恢复肌肉疲劳的重要手段之一。

综上所述,无论运动前还是运动后补充谷氨酰胺都能取得良好效果,应注意其补充量。谷氨酰胺含量的测定主要依据不同项目、不同性别、不同训练内容以及不同运动员在体育舞蹈中的吸收情况。同时,要与科研人员密切合作,加强体重指标的检测,制定不同体育舞蹈运动员补充营养的时间和数量。

增加蛋白质营养会促进肌肉组织的生长,这是体育舞蹈演员普遍存在的误解,值得关注。大量实验证明,为了提高肌肉力量,必须在渐进式力量训练的前提下,合理补充蛋白质营养。但是,在赛前或赛前调整期只补充大量氨基酸,甚至静脉注射大量氨基酸,会导致体内酸碱平衡失衡,会导致运动员身体机能下降。

人体内的许多激素都会影响蛋白质的代谢,其中肾上腺素和甲状腺素可以促进蛋白质的分解。当人体出现甲亢症状时,会促进甲状腺素分泌增加,加速人体蛋白质的分解过程,导致体重越来越轻;当人体生长激素迅速分泌时,它能促进人体蛋白质的合成,从而使肌肉更加强壮。

（二）体育舞蹈运动与能量代谢

能量代谢是人体与外界环境之间的能量交换和体内能量传递的过程。物质代谢和能量代谢之间有着非常密切的关系。在能量代谢过程中,糖、脂肪和蛋白质等能量物质中含有大量化学能,可供人们用于体育和舞蹈。体育舞蹈训练会增加能量消耗。体育舞蹈的强度和持续时间决定了能量消耗量。同时,体育舞蹈水平和运动员技术动作的熟练程度也会对能源消耗产生影响。下面介绍几种体育舞蹈中的能量供应方法。

1. 运动过程中的能量代谢

在体育舞蹈中,能量消耗显著增加。体育舞蹈的强度和持续时间,以及体育舞蹈演员的水平和掌握程度决定了能量消耗的增加。三磷酸腺苷（ATP）是人体内任何其他细胞活动的直接能量,它储存在细胞中,也是体育舞蹈的直接能量来源。体育舞蹈主要通过肌肉活动来完成。在特定的运动过程中,储存在肌肉纤维中的 ATP 在 ATP 酶的催化下迅速分解为二磷酸腺苷(ADP)和无机磷(PI),并释放出大量能量。在肌丝的影响下,肌纤维滑动,从而使肌纤维运动并完成工作。然而,肌肉中 ATP 的储量很小,必须同时分解和合成,才能不断满足肌肉活动的需要,使肌肉活动持久。事实上,人体内的 ATP 一旦分解就会迅速合成。在特定的运动过程中,所需能量的合成主要来源于:磷酸肌酸分解释放能量,糖原发酵释放能量,糖、脂肪和一些蛋白质经过氧化分解释放能量。可以说,ATP 在肌肉中的储存并不能决定 ATP 的主要作用,其快速合成过程是否顺畅是决定性因素。

(1)ATP-CP 系统(磷酸原供能系统)

ATP-CP 合称为"磷酸原",CP 被称为"磷酸肌酸",在肌细胞中得以贮存,它与 ATP 有着非常紧密的关系,是一种高能磷化物,在分解过程中能够释放能量。所谓磷酸原系统是指人体内部由 ATP-CP 分解反应而组成的供能系统。三磷酸腺苷(ATP)是体育舞蹈运动中能量的直接来源,主要在细胞中贮存,需要注意的是,肌肉中 ATP 的贮存量并不能发挥主要作用,最为重要的是能够快速合成 ATP。在肌肉收缩的过程中,ATP 能够将化学能转化为机械能,在体育舞蹈运动中,人体内的 ATP 转换率会加快,并且能够与训练强度有着正比例关系。随着训练强度的增大,ATP 转换率的速度也会随之增快,机体对骨骼肌磷酸原供能的依赖性也会增加。而当肌肉收缩且强度很大时,随着 ATP 的迅速分解,CP 随之迅速分解放能。肌肉在安静状态下,高能磷化物以 CP 的形式积累,故肌细胞中 CP 的含量要比 ATP 多 3～5 倍。在体育舞蹈运动中,人体内的上述这些物质也是有限的,随着运动时间的不断延长,对于 ATP 的再合成,必然会有其他的能源来进行供应,以保证人体肌肉能够持续地活动下去。

在 ATP 的再合成阶段,CP 起到了非常重要的作用,而这种作用并不是在于其含量,而是在于它具有非常快速的可动用性,既不需要氧的参与,同时也不会有乳酸生成。由于其分子比较大,人体无法进行吸收,CP 和 ATP 都无法作为直接的营养补充。前面提到过的肌酸能被人体直接吸收,肌酸吸收进入肌细胞后能合成 CP,进而为合成 ATP 所用。

磷酸原供能系统中,ATP、CP 均以水解分子内高能磷酸基团的方式供能,因此在最开始进行体育舞蹈运动时,机体会首选磷酸原供能系统进行供能。

(2)糖无氧酵解供能

有些体育舞蹈运动有一定的锻炼时间和强度。丙磷酸盐系统提供的能量远低于运动员身体所需的能量。同时,对氧气的需求远远高于运动员。在这种情况下,运动所需的 ATP 再合成能量只能由无氧糖酵解提供。从这个意义上说,在缺氧的情况下,它是身体的主要能量来源。糖的厌氧发酵的原料是肌糖原和葡萄糖。ATP 的生成是在将这些糖分解成乳酸的过程中实现的。

当氧气供应充足时,厌氧发酵产生的乳酸的一部分被氧化,在线粒体中产生能量,另一部分被合成肝糖原。乳酸是一种强酸。身体内乳酸的过度积累会破坏内部环境的酸碱平衡,降低肌肉的工作能力,并导致暂时性肌肉疲劳。这是运动疲劳的一个非常重要的原因。

厌氧发酵的供能速度快得多,不需要氧气参与。在缺氧的情况下,它可以释放能量来满足身体的需要。通过了解厌氧发酵能力的影响因素,可以更快地提高体育舞蹈水平。

(3)糖和脂肪的有氧氧化供能

在体育舞蹈运动中氧供应充足的情况下,糖、脂肪、蛋白质会被彻底氧化成水和二氧化碳,这一反应过程,我们称之为"有氧氧化",也就是所说的"有氧代谢"。通过进行有氧氧化,能够为机体提供更多的能量,以保证机体能够长时间地参与工作过程。例如,由葡萄糖有氧氧化所产生的 ATP 为无氧糖酵解供能的 19 倍。ATP 和 CP 的最终再合成以及糖酵解产物乳酸的消除都是通过有氧氧化来实现的。作为一项有氧运动,体育舞蹈能够将无氧代谢中所产生的乳酸等更加快速、有效地消除掉,从而延缓身体疲劳的出现。

2.运动对能量代谢的影响

人体的能量供给能力经过长期的体育舞蹈运动后有了很大的提高,这主要表现为完成了相同强度的体育舞蹈,所需氧气减少,耗能也减少。换句话说,长期参与运动的人在达到相同运动负荷时所消耗的能量也会减少。

经常进行体育舞蹈也能使运动者更好地掌握体育舞蹈运动中的一些动作技能,使动作的完成更加自如、协调。通过减少多余的动作,可以大大改善能源的利用效率。同时,体育舞蹈运动的进行也提高了呼吸、循环等系统的功能水平,工作效率的提高减少了供给器官本身所消耗的能量,节约下来的能量可以更好地发挥在保证强度和开发难易动作上。

二、心理学基础

高校体育舞蹈运动的心理学基础,主要是通过体育舞蹈运动中参与者的个性心理层面来反映的。相关研究表明,人们参与体育舞蹈运动与人的感觉、知觉、判断、记忆、思考等心理过程,以及性格、兴趣、意志等个性心理特征有着密切的关系,这些因素与人们参与体育舞蹈运动的积极性、发现对自觉性和主动性有直接影响。

(一)体育舞蹈运动的个性心理

所谓个性是指具有一定倾向性的较为稳定的心理特征的总和,称之为个性,个性心理是指在心理活动中,个人所表现出来的心理特点,主要包括气质、性格、能力三个方面。这些特点会对个人的所有行为产生影响,在体育舞蹈运动中同样有着非常重要的作用。

1. 能力

能力是指顺利完成某项活动所必需的心理特征,包括观察力、记忆力、思考力、想象力、注意力等。能力是掌握运动技能、提高运动成绩的基础。在能力方面,人与人之间有很大的差异,比如人的能力类型的不同(有人善于形象思维,有人善于抽象思维),能力表达早晚的不同,能力发展水平的差异(有聪明的人,愚蠢的人,敏捷的人,迟钝的人),所以,在学习体育舞蹈的过程中,需要根据练习者的能力特点进行因材施教。为了促使每个练习者掌握相应的运动技能,采用了不同的教学方法,否则很难达到预期的目标。

2. 气质

在人的心理活动中,气质是最为稳定的动力特征。气质类型不同,所产生的行为表现也存在差异。对不同人的气质类型进行鉴定或了解,对于高校体育舞蹈运动的学练有着非常重要的意义。在体育舞蹈运动中,气质类型是大学生参与运动的心理依据。

3. 性格

性格是个人对现实的稳定态度和习惯化的行为方式。作为个性的一个方面,性格特征与气质和能力一样是人们之间存在差异的比较稳定的心理特征,但性格特征具有特殊的表现。一是性格是现实社会关系在人脑中的反映,个人对现实的扎实态度和某种行为方式,都是人们一定思想意识和行为习惯的表现。二是性格特征是比较稳定但可变的倾向,是稳定的、一贯的表现。但性格又是可变的。就像那些意志薄弱、胆小害怕刺激的人一样,经过长时间的运动训练和多次比赛,他们很有可能成为意志坚强的运动员。所以培养性格是培养人的重要任务。

综上所述,每个人都存在着相应的心理过程,心理过程与个性心理的差异有着非常密切的联系。在生理运动中,个性心理可以提供相应的指导。人的个性心理是通过心理过程形成的,也表现在心理过程中,已经形成的个性差异制约着心理过程的进行。因此,体育舞蹈与心理过程有着非常密切的联系,两者相互促进,相互制约。

(二)体育舞蹈运动与心理效应

体育舞蹈运动的心理学基础主要反映在运动过程中参与者的个人心理方面。体育舞蹈既能调节人的心理,使人们的心理向健康方向发展,又能培养人们优秀的心理品质,优秀的心理品质对体育舞蹈具有重要的促进作用。实验研究证明,人的各种心理过程和个性心理特征与人们的运动行为有着非常密切的关系,它们直接影响着人们参与体育舞蹈运动的自觉性、积极性和主动性。通过体育舞蹈来运动,是在不断提高、改善和调节人们的心理水平。具体来说,体育舞蹈运动的心理效应主要表现如下。

1. 体育舞蹈与认知能力

认知能力对人类来说是与生俱来的,与遗传因素有很大关系,外界的环境、心理、年龄等因素也会产生影响。体育舞蹈能很好地促进人的认知能力的发展。体育舞蹈运动种类繁多,但都有一个共同的特点:在运动或高速运动中运动者既能对外部物体进行快速准确的感知和判断,又能快速感知、调整自己的身体,保证动作的完成。经常参加这项运动可以促进人的感觉和知觉能力更好地发展,提高人的反应速度,促进人的知觉判断能力的提高,从而使人更加灵活、敏锐;同时,还能充分锻炼人的记忆能力、思维能力、判断能力。在体育舞蹈运动中,可以感知运动中直接作用于感觉器官的动作,音乐和指导员给予肌肉、神经等刺激,思维和指导员在指导动作的同时,还能在脑海中创造从未经历过的动作形象。

在智力方面,人的认知能力是一个表达和反应,通过将认知能力表现得淋漓尽致,可以很好地反映人的智力高度。长期参与体育舞蹈可以极大地提升参赛者的智力功能,提高参赛者的注意、记忆、反应、思考、想象等能力,同时也可以让参赛者保持情绪稳定和开朗性格,延缓疲劳的发生等。以上这些非智力成分对促进和提高人的智力发展起着重要的作用。

2. 体育舞蹈与动机

体育舞蹈是一项以身体锻炼为基本手段,配合音乐伴奏,增进健康、身心的体育健身项目。在体育舞蹈中,对练习环境、音乐、辅导员的技能水平等表现出好奇心,这种心理就是所谓的动机。动机是指能够促使人参与活动的内部动力和心理动因,是指刺激人参与活动,引导活动达到一定的目的,满足个体的需要等。由于成长环境的不同,人的个性心理也有很大的差异,参加体育舞蹈时所具有的心理需求带来了动机水平、取向和深度的不同。比如有人参加体育舞蹈,既有可能是为了维护个人健康,也有可能是受到朋友的影响。通常,某一时刻最强烈的需求、构成了最强烈的动机,最强烈的动机可以更好地推动人们的行为。在体育舞蹈中,人们的参与动机既不是单一的,也不是一成不变的,很多动机都是综合发挥作用的。

3. 体育舞蹈与意志品质

体育舞蹈对人的意志品质的影响表现为强烈的意志品质。坚强的意志质量是克服困难、完成各种实践活动的重要条件。"明确目的"和"克服困难"是进行意志品质培养所必须具备的两个条件,这就要求体育舞蹈运动也需要以上两个条件。在体育舞蹈运动中,人们的目的是非常明确的,在这个过程中需要继续克服客观困难(例如气候条件的变化、动作困难和意外障碍等)和主观困难(例如胆怯和恐惧心理、疲劳和运动损伤等),这需要有足够的意志力。只有不断克服这些困难,才能逐渐养成锻炼身体的习惯。对于大学生来说,在意志品质的教育中,体育舞蹈是一种非常有效的手段。在行动中不顾任何挫折和失败,不怕任何困难和障碍,以充沛的精力和顽强的毅力达到最终目的,是体育舞蹈运动中意志质量的教育。此外,体育舞蹈还能激发精神风貌,陶冶高尚情操,同时音乐为这项体育带来活力,使大学生能够在欢乐的氛围中进行锻炼,心情愉快、不易疲劳,心灵和情操都能净化。

4. 体育舞蹈与情绪、情感

人们的日常生活中,时时刻刻充斥着情感,但受多种因素的影响,情感表现为各种非常复杂的心理情绪,情绪是人对事物态度的体验,也是能否满足人的需求的具体反映。无论是长时间坚持运动舞蹈,还是一次性的运动舞蹈,都显示出对人的情绪有良好的影响。由于社会十分复杂,人们常常有紧张、忧患、压抑等情绪反应,学生也面临学业压力和就业压力,从而引发焦虑反应。一项研究表明,一个人的成功,智商的影响是20%,情商影响80%。由于在体育舞蹈中有很强的情感体验,所以这项运动对人类的心理影响非常有益。在体育舞蹈运动的任何项目中,复杂的情感表达都是相互感染和融合的,有利于个体不愉快的意识、情绪和行为的移动。通过这些复杂的情感体验刺激,在促进学生情感自我调节能力和情感成熟方面起着非常显著的作用。在现实生活中人们也可以通过体育舞蹈来改善和调节自己的情感状态。

对于情绪的调节作用,体育舞蹈运动主要体现在短期效应和长期效应两个方面。据相关研究人员指出,短时间运动能显著改善紧张、困惑、焦虑、愤怒和抑郁等不良情绪;长期有规律的中等强度运动有助于改善情绪,增进对情绪的控制能力。长期参与体育舞蹈锻炼,可以有效提高学生的沟通能力和交际能力,改善人际关系,产生亲切、理解、信任和相让的心理感受,从而在心理上产生一种安全感和归属感;更好地适应社会环境,能有效降低学生在实际生活中面临的考试压力、学业压力和就业压力等。

5. 体育舞蹈与美感

美是关于客观事物或人的言论、行动、思想、意图是否符合人的需要的情感。体育舞蹈具有较强的动作、优美、活力、节奏感强等,可以让学生产生美好的情感。此外,还能感受到自然、慷慨、和谐、热情、健康之美。美具有非常复杂的成分,就体验而言,美既是一种快乐的体验,同时也是一种倾向性的体验。

美丽表现为对美好事物的肯定,让人反复欣赏,对此亲切、沉迷。美丽是人类独有的,是基于人的社会需要而产生的。在整个人类情感生活中,这种情感占据着主要地位,对人类生活起着非常重要的作用。体育舞蹈具有很强的艺术性,经常参加体育舞蹈对节奏感和韵律感的增强有促进作用,提高了认识美、表现美、创造美的能力。

6. 体育舞蹈与心理疾病的防治

医学研究表明,人脑中存在一种化学物质,它不仅调节人体免疫系统,还影响人们的思想和感情。这意味着人们的心理状态与他们的生理状态密切相关。这种化学物质不仅存在于个体大脑中,而且存在于身体的各个系统中,包括免疫系统。这意味着积极乐观的心理状态可以预防疾病,并在体内分泌各种健康的化学物质,从而提高人体的免疫功能。例如,在对一些患者进行康复治疗时,让他们保持乐观向上有时可以达到事半功倍的效果。相反,消极的心理活动,如负面情绪、长期焦虑、脾气暴躁、巨大的精神压力等,会导致不良的生理反应,这种反应甚至会长期导致人类疾病。

在信息传输方面,人脑和肌肉进行双向传输。神经兴奋可以从肌肉传递到大脑,同时从大脑传递到肌肉。积极的肌肉活动可以增加肌肉的刺激,大脑的兴奋程度会增加,情绪会越来越高。相反,肌肉会放松,对神经的刺激会相应减少,从而降低大脑的兴奋性,不会产生高情绪。体育舞蹈之所以能有效地调节人们的情绪,是因为它运用并遵循了这一原则。许多医学研究认为,在环境允许的情况下,运动疗法是一种非常好的方法。在运动治疗过程中,应遵循以下基本神经生理学规则。

动作是通过感觉来调整的。运动系统在很大程度上取决于感觉系统对外部环境的有效反应。通过有效控制本体感觉输入,可以促进或抑制运动的输出。

中枢神经系统具有很强的可塑性,也就是说,在受到损伤后,大脑可以自我调节以补偿损伤。因此,体育舞蹈的功能就是最大限度地发掘大脑的这种潜能。

此外,每个人的身心都是相互关联、相互作用的,人的心理也与周围的环境和人相互协调、相互影响。体育舞蹈为人们提供了宝贵的活动空间。在这个空间里,人的心与身体、环境可以充分融合在一起,从而促进主体对环境的适应,促进人际关系的发展,使人达到身心平衡,获得身心健康。

(三)心理因素对体育舞蹈运动的影响

1. 情绪的对体育舞蹈运动的影响

良好的情绪能明显提高人的活动能力,促进人的运动能力的提高,使人精力充沛、积极主动、顽强执着。不良情绪会使人感到沮丧、无精打采、气馁、注意力不集中等。可以看出,在体育和舞蹈中,情绪有很大的影响。体育舞蹈作为一项充满活力和激情的运动,必须依靠表演者的情感来感染观众的情感。因此,时刻充满快乐和热情是每一位体育舞蹈演员的体育要求。

在体育舞蹈中,如果人的情绪不稳定,自控能力差,心慌、焦虑,就很难掌握好自己的动作技能。相反,如果情绪稳定、精力充沛、注意力集中,就能获得良好的锻炼效果。

2. 良好意志力对体育舞蹈运动的影响

前面所述可以看出,体育舞蹈运动能够培养大学生坚强的意志品质。坚强的意志品质同样也对体育舞蹈运动具有积极的影响,如对掌握动作技能,提高运动成绩,增强身体素质等都十分有益。

首先,与日常生活相比,在体育舞蹈运动中肌肉会具有更高的紧张程度,并且需要在不同情景和困难条件下完成各种动作,此时只有具有坚强的意志力才能够使各种动作的需要得以满足。

其次,在参与体育舞蹈运动中,大学生需要将注意力高度集中,并在意志努力作用下,将来自内部和外部刺激的不良影响克服。

最后,大学生在参与体育舞蹈运动时,机体的各个系统会全面运转,很容易产生疲劳,甚至发生运动损伤,具有较强意志者能够克服这种由于运动损伤和疲劳产生的消极情绪,并积极地参与到体育舞蹈运动之中。

3.智力对体育舞蹈运动的影响

在身体活动中,人的智力有着相当的作用。虽然大学生的智力发展随着年龄的增长而与其身体活动能力的发展逐渐分化开,两者之间的关系也不再那么明显,此时智力与身体活动能力之间的相关度低,但智力的发展与身体活动能力的发展仍然存在着联系。体育舞蹈运动中,通常会运用到精确的记忆能力、敏锐的观察能力、丰富的想象能力、快速的思维能力等。

三、运动学基础

(一)运动技能本质

1.形成运动条件反射与运动技能

(1)运动的反射本质

有关研究表示,人的所有运动都是从感觉开始,随之产生心理活动,最后表达为肌肉的效应活动的一种反射。还有学者认为随意运动的生理机理是暂时性神经联系,并用狗作为研究对象建立食物—运动条件反射证明,大脑皮层动觉细胞可与皮质所有其他中枢建立暂时性神经联系,包括内、外刺激引起皮质细胞兴奋的代表区在内。运动的生理机理是以大脑皮质活动为基础的暂时性神经联系。所以,学习和掌握运动技能,其生理本质就是建立运动条件反射的过程。

(2)运动条件反射形成的生理机理假说

运动条件反射的形成是通过很多简单的非条件反射综合而成的。随着大脑和各个器官的发育,在这些非条件反射的基础上,通过听觉、视觉、触觉和本体感觉与条件刺激物多次结合,就形成了简单的运动条件反射。人形成运动技能就是形成连锁的、复杂的、本体感受性的运动条件反射。

运动技能与一般运动条件反射并不是等同的,运动技能区别在于其复杂性、连锁性和本体感受性。

①复杂性。运动技能是有多个中枢参与形成运动条件反射活动(运动中枢、视觉中枢、听觉中枢、皮肤感觉中枢和内脏活动中枢)。

②连锁性。运动技能的反射活动是连续的,前一个动作的结束便是后一动作的开始。

③本体感受性。在条件反射过程中,肌肉的传入冲动(本体感受性冲动)起到重要作用,没有这种传入冲动,条件刺激得不到强化,同时由运动中枢发放神经冲动传至肌肉效应器官引起活动的复杂过程条件反射就不能形成,也就无法掌握运动技能。

因此,运动技能与条件反射的关系就是:运动技能就是建立复杂的、连锁的、本体感受性的运动条件反射。

2.运动技能的信息传递与处理

所谓的信息处理就是人对外界环境刺激到发生反应的过程。在这个过程中人就是信息处理器,人对外界环境的刺激到发生反应的过程就是信息处理的过程。这一过程对运动技能的学习也是至关重要的。

形成和再现运动技能的信息源(刺激)的来源分别来自体外和体内。

①体外信息源来自对体育运动学习的过程中,当教练或教师发出信息(包括信息的强度、形式、数量等),传输给运动者(传输手段包括示范、讲解、录像等)。运动者通过感觉器官,经大脑皮质分析综合形成初步的概念。

②体内信息来源来自大脑皮质一般解释区。大脑的一般解释区由躯体感觉、视觉和听觉的联合区组成。一般解释区位置在颞叶后上方,角回的前方。一般解释区是视觉、动觉、听觉的汇合区,具有各种不同的感觉体验和分析能力,信号是由这里转移到脑的运动部位以控制具体的运动。

(二)运动技能的分类

1.连续、非连续和序列技能

人们根据运动开始和结束的位置,将运动技能分为连续性运动技能、非连续性运动技能、序列性运动技能三类,具体内容如下。

(1)连续性运动技能

连续性运动没有明显的开始和结束,其动作呈现出不断重复的特征,运动时间相对较长,具有一定的周期性特征。

（2）非连续性运动技能

非连续性运动没有明确的开始和结束，各动作也是由多种简单的动作构成，运动时间相对较短，并没有一定的周期性。

（3）序列性运动技能

多个非连续性运动构成了序列性运动，该运动在各个环节都有一定的顺序和节奏。

2.封闭性与开放性运动技能

人们根据运动技能对外界环境的依赖程度而将运动分为封闭性运动技能和开放性运动技能。

（1）封闭性运动技能

封闭性运动技能主要依靠人体的感受器来实现信息的反馈和调节，通过多次练习便能够使得该运动技能稳定、协调。

（2）开放性运动技能

开放性运动技能依赖于外界环境提供的各种信息，在此基础上，人体综合各种外界环境因素做出相应的运动调节，以便更好地促进运动技能的发挥。在进行开放性运动技能时，运动者需要实时观察外界环境以及队员的变化，对运动者的应变能力和预见能力等均具有较高的要求。

3.小肌肉群和大肌肉群运动技能

根据操作某项运动技能时人体参与肌肉群体的大小，将运动技能分为大肌肉群运动技能和小肌肉群运动技能。

（1）大肌肉群运动技能

大肌肉群的运动技能需要较大的肌肉系统参与才能实现，需要各动作之间协调、流畅的配合，常见的大肌群运动有行走、跳跃、大力扣球等技术动作。

（2）小肌肉群运动技能

小肌群运动要求对较小的肌群进行控制，对精确性要求较高，需要用到人体的手指、手腕、眼等。常见的小肌群运动有射箭、射击等。

四、美学基础

(一)体育舞蹈的审美构成因素

体育舞蹈源于生活及人们对人体健美的追求,是体操、舞蹈、音乐逐步发展和结合的产物。体育舞蹈较好地把体育与艺术结合在一起,因此它与一般体育运动项目相比,具有较多的审美因素。体育舞蹈以人体自身为审美对象,对于人体的自然属性方面较为重视,如人的形体匀称适度、肌肉强健、富于弹性,肤色美观等。无论人体处于静止状态还是运动状态,其上述自然属性是很明显的。这些自然属性的形式美对体育舞蹈的主要审美构成因素起着重要的决定性作用。

形式美是构成事物外在属性及其组合关系中所显现出来的美。相对内容而言,形式美具有独立的审美意义。因此,形式美的构成因素,自然也就成了体育舞蹈的主要审美构成因素,具体来说,体育舞蹈的审美构成因素主要包括以下几个方面。

1. 线条与形体美

(1)线条美

线条和形体是构成人体美的基础。通常情况下,不同的线条会给人带来不同的感受。比如,垂直线,给人以坚硬、庄严、高昂的感觉,曲线给人舒展、柔和、流畅的感觉。一般来说,男性的健美主要表现为刚健有力,直线条多一些;而女性的健美则表现为柔美秀丽,曲线多一些。如果把男女人体的健美加以分类的话,大体分为刚、柔两类。这种分类只是近似的、相对的。实际上,刚、柔是相互渗透、相辅相成的。在体育舞蹈运动员中,在男性强健的身体上,可以找到柔和的曲线之美,他们可以做出灵巧的动作,这就是刚中有柔;而女运动员秀美的身姿,也显得矫健有力,她们可以做出强劲的动作,这便是柔中有刚。在体育舞蹈线条因素中,常常是既刚柔相分,又刚柔相济的。

(2)形体美

体育舞蹈的形体美,则由男女运动员自身形体的静态美和操化动作态美两方面所组成。从静态方面来看,美的形体应具备以下三个方面的条件。①骨骼为支架所构成的人体各部分比例要匀称、适度、发育良好。②由肌肉的完美发达所呈现的人体形态要强健而协调。③肤色红润而有光泽。只有满足这三个方面的条件,才能称得上是美的形体。

从动态方面来看,体育舞蹈运动员的形体美主要依靠体育舞蹈的动作创编以及运动员对这些连贯的动作组合和动作群的表现力。动作是在协调一致的动作流程中显现的,它的基础是节拍,还包括连续造型,从而构成了动态美。了解了这些特点,在进行编排的过程中,就可以将这些因素考虑进去,在编排中体现运动员的动态线条与形体的美。

2. 色彩美

色彩作为形式美的重要因素,它有冷暖、轻重、远近、明暗的视觉效果。色彩具有一定的情感性和象征性,不同的颜色的视觉效果也是有一定的区别的,这些可以根据体育舞蹈的需要将其运用到体育舞蹈运动的创编中。一般来说,红、橙,属于暖色,给人热烈、兴奋、活跃、喜悦之感;青、蓝,属于冷色,给人深远、幽静、庄重、严谨、典雅之感;草绿、银色属于中性,给人柔和、娴静、和谐之感。如看到红色,就不由得使人想起血与火,因而产生热烈兴奋的情绪。所以在编排体育舞蹈时,可考虑在大红色地毯上进行成套的创编,使运动员较易进入兴奋的状态,与创编者产生共鸣,能收到更好的效果。运动员在参加比赛时,应考虑各方面对成绩及发挥的影响因素,因此,考虑色彩美的编排是非常重要且必要的。

3. 音乐美

音乐是体育舞蹈的重要组成部分之一,对于体育舞蹈来说,音乐是不可缺少的,可见其作用的重要。具体来说,体育舞蹈必须在音乐伴奏下进行练习,可以说音乐是体育舞蹈的灵魂。与艺术体操相比,竞技体育舞蹈对动作的力度的重视程度更高。因此,它的音乐节奏趋于鲜明强劲,风格更趋热烈奔放。体育舞蹈音乐多取材于迪斯科、爵士、摇滚等现代音乐和具有上述特点的民族乐曲,使体育舞蹈呈现出一种鲜明的现代韵律感。这种有节奏、韵律的音乐,能激发运动员的情绪,使之不觉疲劳,产生一种轻松愉快的感觉,既得到了美的享受,又提高了协调性、节奏感、韵律感和表现力。音乐运用的完美与否直接影响着体育舞蹈的整体效果。在体育舞蹈中,音乐的主要作用是用来烘托成套动作的效果与气氛,音乐与动作是紧密结合的,动作既是对音乐情绪的一种表现,同时也是通过音乐的气氛对动作本身进行情绪上与力度上的烘托与渲染,任何一个动作的艺术性都存在于一种音乐情绪的表现之中。体育舞蹈音乐具有节奏鲜明,旋律优美,风格各异的特点,它的动感非常强烈,让人很兴奋也很激动,其节奏性充分体现在音乐的独特风格上,而近年来,随着体育舞蹈的不断发展,人们更加注重音乐节奏性的运用,同时增添其创造性的编排,使音乐效果更具艺术性和欣赏性。

总的来说,体育舞蹈的音乐配以强劲的鼓点动效,能达到使整个过程洋溢着热烈、欢快、喜庆的气氛的目的,通过音乐的节奏将体育舞蹈运动的本质和内涵充分体现出来,同时将体育舞蹈运动所独有的动感风格突出出来,也将体育舞蹈项目的节奏美这一美学特征充分地体现出来。

4.路线变化美

在体育舞蹈比赛中,对运动员的场地利用提出了更高的要求,具体在场地的三维空间的运用方面得到充分的体现。体育舞蹈运动场地的表面至少有前、后、侧、对角、弧线五个方向的移动,即表现为体育舞蹈运动路线的变化美。与其他的体育项目不同,体育舞蹈路线的丰富变化既展现了运动别具一格的风格特色,提高了体育舞蹈运动的艺术欣赏价值和审美价值,又是运动员竞技能力的一种体现,一个优秀的运动员能够充分地利用场地,把成套动作的路线变化表现得淋漓尽致,每一个到位的路线跑动都让人赏心悦目,将体育舞蹈运动的这一美学特征向观众及裁判展示。在编排中,创编者更应注意这些审美特点进行成套动作编排。

(二)体育舞蹈审美的构成法则

在体育舞蹈中,要构成整体的形式美,还有赖于按一定的法则进行组合。由于体育舞蹈的美以形式美为主,因此形式美的主要构成法则亦成了体育舞蹈的审美构成法则,也是进行体育舞蹈编排的基础。体育舞蹈审美的构成法则主要包括以下几个方面。

1.整齐一律

整齐一律,又称为"单纯齐一",也就是说,它是同一形式的一致重复,也是最简单的形式美,这一原则在体育舞蹈中得到了非常广泛的应用。对于体育舞蹈中的一些自选动作或规定动作,很多动作都要求要整齐一致,这就是一律的美。它虽然简单,却是最基本的形式美构成法则,也是体育舞蹈中的动作基础。此外,需要注意的是,不要过分强调整齐一律,否则就会显得非常呆板,因此在具体创编的过程中要对整齐一律的适中性进行把握。

2. 对比调和

对比调和是形式美中重要的法则,应该严格遵守。对比是差异中倾向的对立,它对于鲜明地表现事物的特点是非常有帮助的。在体育舞蹈中,对比主要在形体及音乐方面得到充分的运用。拿形体对比来说,体育舞蹈男运动员的身体强壮、肌肉发达与女运动员的身材匀称、曲线秀美本身就形成了刚与柔的对比。另外在动作的编排上,除男女运动员的统一动作外,男运动员的动作可突出其阳刚与力度,女运动员的动作可突出其阴柔与协调性。再拿音乐对比说,整套体育舞蹈的音乐不宜同一节奏与力度、而应有张有弛,强弱恰当。在这样的音乐伴奏下,体育舞蹈动作也自然有张有弛,时而激越蹦跳,时而舒缓抒情,能给人以审美享受。调和是差异中求一致,即着重统一。在体育舞蹈中,既要善用对比这一法则,还要对调和引起高度的重视。另外,还要在色彩、音乐、形体中对这一点引起高度的重视,如男女运动员服装颜色的调和,服装与地毯颜色的调和,音乐的节奏与旋律的调和,动作与音乐的调和等。如果不掌握规律,必然是相差甚远,严重的还会对事物的调和一致性造成破坏,对于体育舞蹈的审美价值也会造成一定的影响。

3. 多样统一

多样统一是形式美法则的高级形式,也叫和谐。"多样"能够将各个事物个性的千差万别充分体现出来,"统一"则主要将各个事物的共性或整体联系充分体现出来。多样统一使人感到既丰富,又单纯;既活泼,又有秩序。这一基本法则包含了变化以及对称、均衡、对比、调和、节奏、比例等因素,所以一般都把"多样统一"作为形式美的根本法则。概括地讲,多样统一是在变化中求统一,在参差中求整齐。而体育舞蹈动作的创编,正应该根据形式美的这一根本法则来进行。体育舞蹈比赛的成功与否很大程度上取决于编排水平,其创编原则主要包括针对性原则、创新性原则、全面性原则和艺术性原则等等。体育舞蹈的总体结构设计合理才能产生悦人的节奏感和张弛有序、高潮迭起的美感;体育舞蹈要吸收舞蹈等艺术性项目的动作语汇却又不能舞蹈化,而要加以改造,使之成为美观大方、有力度、有特色的体育舞蹈动作;整套体育舞蹈的风格要鲜明,不可将风格不同的多种艺术成分吸收在同一套操中,因为它违反了多样统一这一最基本的体育舞蹈的审美构成法则。

4. 均衡对称

所谓均衡是指布局上的等量不等形;对称是指以轴线作为中心的相等或相适应。通常情况下,对称往往能给人以稳定感、完全感、庄重感。均衡与对称是相互联系的两个方面,均衡包括了对称这一因素,但比对称更加灵活,允许左右形态有所不同,其审美效果是整齐与活泼的结合。在混合双人操和三人操中,均衡应用得较多;而在混合六人操中,则对称动作应用较多,这样能使整个队形对称整齐,整体壮观,达到较好的视觉效果。在编排体育舞蹈的过程中,要对这一审美构成法则加以有效利用。

5. 节奏韵律

节奏是指力度在体育舞蹈运动过程中变化的时序连续。而以节奏作为基础,赋予一定的情调,便成了韵律。体育舞蹈的开展是在强劲音乐的伴奏下进行的,因此音乐的韵律和节奏会对动作的幅度和力度产生非常重要的影响。同时,体育舞蹈是由类型、方向、路线、幅度、力度、速度等不同的多种动作组成的,而要产生良好的审美过程,就一定要将这些动作和音乐的节奏和韵律完美地统一起来。作为一门艺术性非常高的运动项目,体育舞蹈在动作和音乐双重节奏的韵律法则作用下,能够使运动员的节奏感和韵律感得到增强,使其音乐素养得到提高,从而提高运动员认识美、鉴赏美、表现美直至创造美的能力。

第二节 高校体育舞蹈课程建设与实践

一、努力建设校园体育舞蹈文化

(一)加大对体育舞蹈的宣传力度

舞蹈也是制约我国高校体育课程发展的主要因素。因此,高校应加强对体育舞蹈的宣传,使学生对体育舞蹈有更深的了解。由于学生在校时间较长,体育舞蹈的宣传对学生对体育舞蹈的理解有着直接而决定性的影响。如果高校加强对体育舞蹈的宣传,使大学生特别是男生深入了解体育舞蹈,那么参加体育舞蹈课程的学生人数将会增加,男女学生之间的不平衡将会得到有效解决。

高校可以通过以下几个途径来加大宣传力度。

1. 张贴校园海报

高校应多通过张贴校园海报来对体育舞蹈文化进行宣传,使学生对参与体育舞蹈活动的价值与意义有所了解,并充分认识到参加这一运动会给自己带来哪些好处。没有对体育舞蹈课程进行设置的高校也可以通过这一途径或利用校园广播来宣传体育舞蹈,使学校领导、老师和学生都能够多了解一些关于体育舞蹈运动的知识。

2. 在校园网中上传视频

高校可以利用校园网来发布一些有关体育舞蹈的内容,如精彩的体育舞蹈演出视频、体育舞蹈文化信息,这是对网络教育进行贯彻与落实的有效途径。这样,学生在课余时间也能够通过网络来对体育舞蹈运动进行了解,从而提高学习兴趣。

3. 成立体育舞蹈俱乐部

高校可以组建体育舞蹈俱乐部,为学生接触与学习体育舞蹈提供良好的环境与机会。体育舞蹈俱乐部要通过组织与举办体育舞蹈活动来对体育舞蹈文化进行宣传,俱乐部成员也可以去其他未开设体育舞蹈课程的高校表演,以此来使这些高校的领导、老师、学生更加直观地了解体育舞蹈运动,从而带动未开设这一课程的高校设置体育舞蹈课程,重视体育舞蹈运动的教学。

(二)广泛开展体育舞蹈活动

1. 校园体育舞蹈活动

高校中,一些学生对体育舞蹈非常感兴趣,求知欲很强,因此只通过课堂教学是无法满足其学习需求的,其需要更多的机会与平台来深入学习体育舞蹈,并将自己所学的技能展示给他人。这就要求高校在课余时间开展有关体育舞蹈的活动。

(1)组织舞会

高校应多对一些舞会进行组织,使学生有机会将课堂所学技能在实践中加以运用,提高学生的实践与应用能力,并以奖励的方式来促进学生参与积极性的提高,积极鼓励跳得好的学生,从而进一步对这些学生的学习热情进行激发。

(2)成立俱乐部

体育舞蹈俱乐部能够为喜欢体育舞蹈运动的学生提供更多的学习与交流机会,学生也可以通过这一平台来自发地对有关体育舞蹈的课余活动进行组织,这对于广泛宣传体育舞蹈运动非常有效。

(3)举办辩论会或竞答活动

高校对有关体育舞蹈知识的辩论会或有奖竞答活动等进行组织,也能够非常有效地宣传体育舞蹈。通过组织这些活动,学生会对体育舞蹈的相关理论知识去主动了解与学习,从而丰富自己的知识,提高自身对体育舞蹈的认知水平。

2. 开展社会实践活动

一些高校教师认为,高校体育舞蹈课程发展受限的一个主要因素在于开展这项运动所需的经费比较多。调查发现,很多高校不注重举办体育舞蹈的相关活动,这样,学生所学的技能就无处运用和施展。要想使学生学有所用,更好地实现自我价值,就需要为学生提供良好的社会实践机会,如定期举办稍具商业性质的大型舞会或者演出等活动,这样不但可以解决学而无用的问题,还能够使学校经费紧张的问题得到缓解,从而为体育舞蹈课程的发展提供基本保障。

二、加强教学场馆的建设

体育舞蹈运动中,健身性体育舞蹈对场地的要求比较低,竞技性体育舞蹈则对体育场地的要求较高。通常,学生参与健身性体育舞蹈只需一块普通平坦的室内场地就可以。而竞技性舞蹈则需要学校投入一定的资金按照比赛场地要求建设舞蹈场地。高校领导应高度重视体育舞蹈课程的开设,认识到开设这一项目课程对学生全面发展和落实素质教育的重要性,从而增加资金投入,对一些专业的体育舞蹈场地进行建设,确保体育舞蹈课程教学活动与课余活动顺利开展。

三、加强师资队伍建设

调查结果显示,已经开设体育舞蹈课程的高校中,学生对于体育舞蹈教师的专业水平并不是很认可。体育舞蹈教学的发展直接受体育舞蹈教师专业水平的影响,因此,推动体育舞蹈课程发展的一个关键问题在于提高体育舞蹈教师的专业教学能力,具体可以从以下几个方面着手。

(一)"引进来,走出去"

通过"引进来,走出去"的途径能够有效促进体育舞蹈教师的专业素养的提高。"引进来"指的是高校可聘请国内外知名体育舞蹈专业人士和优秀体育舞蹈运动员来校开展讲座,对体育舞蹈教师进行专业培训。"走出去"是指学校要为体育舞蹈教师外出培训提供充足的机会与条件,让教师对体育舞蹈的最新相关动态、最新技术动作以及未来发展及时加以了解,从而不断促进体育舞蹈教师专业知识和技能的更新,提高其专业水平。

(二)举办学术研讨会和比赛活动

高校可以定期举办体育舞蹈学术研讨会和体育舞蹈比赛等活动,使体育舞蹈教师之间能够开展业务交流与学术交流。学校还需要积极表扬和鼓励在学术中、舞蹈比赛中表现突出的体育舞蹈教师,以此来激发其技术创新、学术创新的热情。

(三)增收学生

专业体育院校要以市场需要为根据来对体育舞蹈专业的学生适当增收,从而对大量的体育舞蹈专业人才进行培养。这样不但能够使高校体育舞蹈教师数量少、质量差的问题得到解决,还能够有效解决体育院校学生的就业问题。

四、加强课程教材的建设

当前社会上出版的体育舞蹈理论著作由于专业性很强,内容太深,因而对普通高校的体育舞蹈课程教学不太适用。所以,各普通高校之间应加强交流与协作,尽快对符合普通高校体育舞蹈教学的教材进行有针对性的统一编制,以确保体育舞蹈教师和学生能够尽早拥有共同学习与讨论的课程资源。

五、加强体育舞蹈课程教学内容的改革

体育舞蹈课程教学内容包括两个部分,即理论和实践。在调查中发现,注重实践教学而忽视理论传授的问题在很多高校都普遍存在,这也是学生不太了解体育舞蹈文化的主要原因。学生通过对自身身体形态的利用,能够以何种方式来诠释体育舞蹈,直接由其了解体育舞蹈文化的程度决定。由此可知,学生了解体育舞蹈文化是对学生开展实践教学的基础。所以,改革体育舞蹈课程内容不能仅从实践入手,还要兼顾理论,促进理论与实践的有机结合,从而更好地达到加强体育舞蹈课程建设的效果。

(一)理论方面的改革

在体育舞蹈课程理论教学方面,要增加与体育舞蹈文化相关的内容。

调查发现,学生们学习体育舞蹈后,在技能方面的收获比较明显,而对体育舞蹈文化知识的了解还是比较少,这主要是因为高校一味注重实践技能的教学,而没有将理论教学重视起来。学生在体育舞蹈课堂中,大部分时间都是在不断练习舞蹈技术动作,却不知道自己跳舞是为了什么,这就体现了体育舞蹈文化教育的缺失。体育舞蹈是一项通过肢体舞动来健美体魄、陶冶情操、净化心灵、增加友谊的运动,高校开设这一课程的最终目的是使学生全面发展。因此,高校在设置体育舞蹈课程时,一定要将理论与实践结合起来,不仅要使学生懂得如何跳,还要使其清楚为何跳,学生只有对体育舞蹈的意义有了真正的了解,才能通过肢体舞动将体育舞蹈的"魂"表达出来。而如果学生不了解体育舞蹈的意义,那么即使他(她)能够非常熟练地展现舞蹈动作,也无法吸引观众。

(二)实践方面的改革

在体育舞蹈实践教学内容的改革中要注重两点,一是多设置一些舞种项目;二是按照难易程度对体育舞蹈课程进行级别的划分。

1. 增设舞种

通过调查发现,高校开设的体育舞蹈课程主要集中在恰恰、华尔兹两个舞种上,开展其他舞种的学校比较少,有些舞种在大部分高校几乎都没有涉及。体育舞蹈有10个舞种,不同舞种有不同的风格,而且其所蕴藏的文化与风土人情也各有区别。如果只简单开设一两个舞种,会影响学生学习体育舞蹈课程的兴趣。因此,高校在体育舞蹈课程开设中需以本校实际情况为依据多进行一些舞种的教学,使学生能够多一些选择。增设舞种需要高校引进专业的体育舞蹈教师,这样才能保障各舞种教学的顺利开展。

2. 难易等级划分

一些高校之所以不能开设体育舞蹈课程,是因为体育舞蹈难度大。这就要求体育舞蹈教师根据学生的舞蹈基础和接受能力,根据难度来划分体育舞蹈水平。一般来说,他们可以分为三个层次,即初级、中级和高级。对于不同的群体,教师可以自由创造不同的舞蹈套路,这也表明体育舞蹈课程的分级是可行的,可以取得良好的教学效果。

此外,高校还应注意一个非常重要的问题,即增加体育舞蹈教学的课时。体育舞蹈教学内容的改革需要增加课时,使学生有足够的时间学习和掌握体育舞蹈知识和技能。体育舞蹈种类繁多,学生需要花费大量时间才能完全掌握这项运动。目前,高校体育舞蹈课的数量普遍较少,学生只能大致掌握一些基本知识和技能,不可能达到"精教精学"的教学效果。为了保证体育舞蹈课程的顺利开展,促进教学效果的提高,高校需要适当增加课时,使学生深入了解体育舞蹈文化,充分掌握舞蹈技能。

第三节　高校体育舞蹈课程建设的影响因素

一、学生的观念、意识

由于许多高校很少组织体育舞蹈活动,而且这项运动的宣传力度较弱,学生很难对体育舞蹈的价值形成充分的认识。仅仅依靠课堂教学培养学生的体育舞蹈素养是远远不够的。我们还需要开展丰富多彩的课外体育舞蹈活动,为学生提供良好的学习和锻炼环境,让学生在业余时间有更多的学习自由。课外活动的开展有效地将体育舞蹈教学延伸到了课外活动中。学生根据自己的情况选择不同的锻炼方法,能够满足自身发展的需要。在高校体育教学中,体育舞蹈课的课时安排较少,难以顺利实现预期的教学目标。开展课外体育舞蹈活动可以解决这一矛盾。因此,学校应不定期组织丰富多彩的课外体育舞蹈活动,加强体育舞蹈的宣传,促进学生体育舞蹈观念和意识的不断提高。此外,学校还可以适当组织体育舞蹈竞赛活动,营造良好的学习氛围,使学生有机会展示自己,提高自己,这对提高体育舞蹈课程的教学质量有很大帮助。

学生对体育舞蹈的态度和学习动机主要取决于他们对体育舞蹈的理解。学生学好体育舞蹈的主要内在动机是有良好的学习舞蹈的动机。所有人的活动都是由他们的动机决定的,参加体育舞蹈活动也不例外。只有正确的动机,才能展现自然大方的舞蹈姿态,通过身体动作展现体育舞蹈的艺术魅力,展现不同舞蹈类型的风格,才能满足体育舞蹈的基本要求,达到促进身心健康的目的。

二、教学设施

在大学体育舞蹈教学过程中,教师和学生的教与学的心态、教学效果与教学质量的提高、课程目标的实现等都受到教学环境的影响。体育舞蹈教学所需的最基本的物质条件有宽敞明亮的配有镜子和杠杆的体育舞蹈教室、功能齐全的音响设备等。但通过调查发现,高校用于体育舞蹈教育的场馆、设施、器材等物资设备严重不足。另外,在高校体育舞蹈课的开设和教学中,很多大学教学方法和手段单一,没有充分利用电视教材,因此很难进一步深化学生所学的内容。在场馆设施建设方面,高校领导没有给予高度重视,投入的经费较少,现有设施又不足,一些高校在参加体育舞蹈课时只能租用篮球馆或到户外上课。

以上教学设施方面的因素,直接影响着高校体育舞蹈课的开展。对此,高校相关部门应适时采取有效对策,改善现有体育舞蹈课程的教学条件,从而使师生能够在清洁、宽松、优美的教学环境中进行教授和学习。

三、师资力量

(一)师资缺乏

通过调查可以看出,体育舞蹈教师的缺乏、水平较低是影响我国高校体育舞蹈课程开展的主要原因之一。要完成教学任务,教师必须具备一定的条件素质。我国一些高校设置体育舞蹈课程的时间比较晚,师范大学和体育学院开设体育舞蹈专业也是这十年的事,但分配到高校的体育舞蹈教师数量更少,高校体育舞蹈课程亟待发展。对此,促进高校体育舞蹈课程改革和教学发展的主要方法是加强对教师的专业系统培训,提高体育舞蹈教师的教学水平,使教师及时更新自己的知识结构。

（二）专业水平低

在我国高校体育舞蹈课程的教学过程中，严重缺乏专业的体育舞蹈教师和教练，高水平的优秀教师与教练更是屈指可数，这对体育舞蹈课程的正常开展造成了直接的影响。此外，我国体育舞蹈教师普遍还未具备较高的专业技术水平，从体操、艺术体操、健美操等专业教师转行成体育舞蹈教师的大有人在，这些教师缺乏体育舞蹈理论知识，技能水平也有限，因此阻碍了体育舞蹈课程的开设。

（三）再培训与再学习情况不容乐观

当前，高校为体育舞蹈教师提供的培训机会比较少，而且名额十分有限，因此很大一部分教师在工作后很难再接受培训，也很少有机会可以继续学习，这就导致了其知识更新速度慢，知识结构老化，教学内容及手段过时等问题，教师无法及时传授新的知识与技术直接影响了学生的学习质量。

四、课时设置

一些高校领导认为，在所有的教育学科体系中，体育学科只处于中等或辅助地位，因此每学期只安排约30学时就可以了，这导致了体育舞蹈课时少而紧凑的问题。

培养学生的兴趣和爱好，使学生了解和掌握体育舞蹈基本类型的基本舞步和动作，促进学生身体表达和音乐感的增强，是高校体育舞蹈课程的主要培养目标。为了实现这些目标，体育舞蹈教师需要向学生传授许多教学内容，如基本身体训练、各种舞蹈的舞蹈姿势等，而这些内容的教学需要一段时间才能完成。然而，目前高校体育舞蹈课程的课时安排明显较少，难以在规定的时间和内容内完成教学任务，实现教学目标。

对于学生来说，由于体育舞蹈的教学时间相对较少，他们只能学习一些简单的形式和基本动作，而学习社交舞和国标舞的需要往往得不到满足。因此，大多数学生对目前体育舞蹈课的安排并不满意。此外，由于课时设置紧凑，体育舞蹈课程的教学质量难以得到有效提高。因此，高校有关部门需要根据体育舞蹈教学规律和学生的实际情况，灵活安排和调整体育舞蹈课程的教学时数,并适当增加课时,以更好地满足学生的学习需求,进一步提高教学质量。

五、专业教材

在高校开设体育舞蹈课程的过程中,教师的教学和学生的学习离不开体育舞蹈教材,体育舞蹈教材是重要的教材和课程资源。然而,调查结果显示,目前普通高校尚未制定一套统一的体育舞蹈专业教材。许多学院和大学都是"独立的",教学内容由教师自己创建和编写。缺乏相关部门的思想重视是体育舞蹈教材缺乏的主要原因之一。

体育课程一直没有受到足够的重视,它们被定位为教育学科体系中的二级学科或辅助学科。此外,我国普及舞蹈艺术教育的时间较短。因此,有关部门没有重视体育舞蹈的研究。虽然近年来一些学者和专家出版了一些关于体育舞蹈的书籍,但大多是理论著作,内容专业性强,实用性差,不适用于高校大众体育舞蹈教学。

体育舞蹈教学活动的顺利开展必须有专业的课程教材,这是一个非常重要的前提。如果缺乏专业课程教材,就难以开展科学、规范、有针对性的体育舞蹈教学活动,制约高校体育舞蹈课程的可持续发展。因此,加强对体育舞蹈课程教材的研究,完善体育舞蹈课程教学理论体系,是当前推动高校体育舞蹈教学不断规范化的重要途径。有关主管部门应高度重视,尽快编制出适合高校体育舞蹈教学现状的统一教材。最好根据专业课、选修课、通识课等不同课程类型的具体要求编写一系列教材,使高校体育舞蹈教学活动顺利开展。

六、教学内容的选择与定位

通过调查发现,当前影响我国高校体育舞蹈课程发展的因素包括教学内容的不合理选择和定位。国际标准交际舞难度大,不适合普及教育。普通交际舞教学更适合大学生。在高校体育舞蹈教学中,缺乏系统的教学计划和完善的专项理论。由于不同地区的高校开展体育舞蹈课程的程度不同,大学生的舞蹈基础也不同,因此学生参加体育舞蹈课程的基本条件存在明显差异。许多学校在设置体育舞蹈课程的教学内容时只涉及一些肤浅的问题,难以充分发挥体育舞蹈的功能,满足学生的学习需求。教师专业水平有限、理论知识匮乏、教学目标不确定是体育舞蹈教学内容选择和定位不合理的主要原因。因此,在体育舞蹈教学中,每一位体育舞蹈教师都需要思考如何将理论知识恰当地融入学生的学习和实践中,使学生进一步理解和理解体育舞蹈文化。

体育舞蹈具有鲜明的审美特征,体现在动作美、音乐美和身体美上。体育舞蹈还具有健身、陶冶情操、陶冶文化的功能。因此,在高校体育舞蹈课程的教学中,应先教基本的舞蹈姿势,再教基本的技术动作,在不断提高学生的体育舞蹈技能中,提高学生的审美能力。然而,在一些高校的具体教学实践中,由于没有意识到这些教学内容在顺序教学中的重要性,教师完全按照自己的主观意愿安排教学顺序,影响了学生系统学习体育舞蹈的效果。

第三章　高校体育舞蹈课程内容资源开发
——以广西高校为例

第一节　高校体育舞蹈课程资源现状及影响因素

一、广西高校体育舞蹈课程资源开发利用现状分析

（一）广西高校体育舞蹈课程资源基本现状分析

20 世纪 80 年代,体育舞蹈被引入中国,以促进当地的发展。1991 年教委颁布的《高校本科体育教学计划》将体育舞蹈作为高校体育课程,进一步促进了高校体育舞蹈的发展。通过调查研究发现,广西高校体育舞蹈的开展主要以体育课、训练队、训练班、社团等形式进行。在广西 11 所高校中,体育课是最基本、最直接的形式。第二个是培训团队,它占据着更重要的地位。在采访桂林电子科技大学、广西大学、广西医科大学、广西科技大学等不开设体育舞蹈课程的学校时,可以看出该校有意开设体育舞蹈课程,但由于师资短缺、场地不足等因素,学校没有开设体育舞蹈课程。总体而言,广西高校体育舞蹈课程有不断发展的趋势。

（二）广西高校体育舞蹈课程人力资源开发利用现状分析

人力资源是课程资源中最基本的资源,是其他资源得以发挥作用的媒介和载体,人力资源的挖掘、利用和优化配置是课程资源有效开发与利用的一个重要前提条件,它关系到课程资源开发的方向、层次、质量和效果等根本性问题。

1. 广西高校体育舞蹈教师资源现状分析

教师本身是一种重要的课程资源,作为内生性资源的主体,从根本上决定了课程资源的识别范围、开发和利用的程度以及效益水平,能够创造出比自身价值更大的课程资源,担当着不可替代的角色。

(1)体育舞蹈教师性别年龄分析

年龄结构是指教师群体各年龄段人数的比例关系。教师的年龄结构是否合理在一定程度上决定和反应教师群体的创造力以及我国体育舞蹈这一项目能否可持续发展。由调查可知:在调查的31位体育舞蹈教师中,从性别结构上看,女教师占了90%,而男教师仅占10%,比例相差甚远,这说明广西高校体育舞蹈教师的男女比例严重的不协调。可以看出,一方面广西高校体育舞蹈女教师师资力量较为丰厚,男教师资源较弱;另一方面体育舞蹈这项目深受广大女性同胞的喜爱,这和该项目特点有重要关系。从年龄段分析,25~35岁的有14人,占了45%。35~45岁的有12人,占了39%。45~55岁的有4人,占了13%。55岁以上的只有1人,仅占3%。年龄最多的是25~45岁,占了84%的比重,多为中青年教师,这年龄阶段正值黄金时期,是教师教学水平和教学能力提升的最重要阶段,说明广西高校体育舞蹈教师资源贮备较为充足。再看25~35岁的有教师14人,占据很大一部分。他们执教时间多数在5年左右,这说明广西高校体育舞蹈教师队伍比较年轻且多数缺乏教学经验。

(2)体育舞蹈教师学历职称分析

文化程度是衡量一个人知识水平的标准之一,在某种程度上文化程度也是教学训练、科研能力的标志。职称也从一定程度上反映出教师的教学能力水平。随着科学技术和体育科学的发展,对教师素质的要求也越来越高。教师的文化水平,专业技术水平和教学能力水平等因素将直接影响到学生学习效果和技术水平的提高。从文化程度上看,目前广西高校体育舞蹈教师共有本科生15人,研究生16人,没有专科教师。从职称上看,助教5人,讲师18人,副教授8人,这说明广西高校是以讲师为主体的职称框架,职称层次较低。高学历的体育舞蹈教师以年轻老师为多,他们的年龄多数集中在25~35岁,并且从事体育舞蹈教学工作的时间相对比较短,教学经验较为欠缺。年龄 45 岁以上的教师的文化程度普遍相对较低,这些人教学经验丰富。年轻教师的学历虽然高,却还是需要不断向有经验的老教师学习,不断提高自身的教学水平。老教师也不能满足于过去所取得的成绩,更不能墨守成规犯经验主义的错误,为了推动体育舞蹈的发展,使我国体育舞蹈达到世界高水平,必须提高自身的文化素养,只有年轻与中年教师互相借鉴共同提高体育舞蹈水平。

(3)体育舞蹈教师原始专业分析

体育舞蹈在我国还是一个新兴的体育项目,在高校设置体育舞蹈专业的时间不长,所以专业性较强的体育舞蹈教师相对较少,目前在还处在快速发展时期中。通过调查显示可知,目前广西高校体育舞蹈教师只有 3 位是专业舞蹈教师,占了 10%。而艺术体操和健美操的有 18 人,共占了 58%,球类、田径和武术等专业教师比重共占了 32%。这说明体育舞蹈传入我国的时间不长,在过去的短时间里没有得到广泛的开展和普及,师资力量跟不上学生对体育舞蹈的需求。一方面艺术体操和健美操占了 58% 的比重,是体育舞蹈教师的中坚力量,这是与艺术体操和健美操专业教师舞蹈功底较好,比较容易接受和吸收体育舞蹈的理念和技术分不开的,所以体育舞蹈教师大部分从艺术体操、健美操等其他专业转业而来的。另一方面,高校的球类、田径和武术等专业教师资源丰富,共有 32% 由其转化而来。可见,现任的体育舞蹈教师专业性不够强,需要不断进一步提高体育舞蹈项目的专业需求。经过调查还了解到年轻的专业的体育舞蹈教师大部分参加过体育舞蹈训练,有些甚至参加过各地区甚至全国体育舞蹈比赛,但有体育舞蹈运动经历的教师只占少数,多数教师只经过短期的培训就加入体育舞蹈教师队伍中来。这说明广西高校体育舞蹈专业教师较少,教师的整体技术水平有待进一步提高,需要更多地引进专业人才。通过调查分析可知:高校教师除了担任原始专业教学任务之外,还要兼任其他项目的教学,侧面反映出高校需要一专多能型的教师资源需求。

(4)体育舞蹈教师技术学习和理论研究分析

综合分析可知现在体育舞蹈教师进修或培训学习以及进行体育舞蹈相关理论研究的状况。从进修或培训的百分比可以看出,10% 的教师在工作后没有进行专业技术的相关学习,18%的教师进行过 1~2 次的专业技术学习,19%的教师进行过 3~4 次的专业技术学习,进修或培训 5 次以上的教师占 13%,有 90%的教师在参加工作后都会选择进修或培训,不断提高自己的专业技术水平,这充分说明部分教师对进一步学习的态度和行动是很积极主动的,重视对专业技术水平的再次深造。从发表相关文章来剖析:体育舞蹈教师对该项目理论研究是非常欠缺的。对相关数据分析可知,有 52%的教师从未发表过相关文章,29%的教师发表过 1~2 篇相关文章,13%的教师发表过 3~4 篇,发表 5 篇以上的仅占 60%,说明大部分教师对理论开发研究的意识和重视程度较为淡薄。针对该现象,我们教师应不断加强对理论研究的分析和探讨,只有扎实理论基础,才能使实践达到质的飞跃。

2. 广西高校体育舞蹈教师资源开发利用分析

(1)体育课中体育舞蹈教师资源开发利用分析

受课程设置、教学大纲、场地设施等因素的影响,致使部分教师不能教学自己擅长的课程项目,出现师资力量得不到充分利用的情况,这是一种正常的现象,但是我们要尽量减少这种状况的发生,使相关师资都能得到充分发挥和使用。例如,广西大学能够担任体育舞蹈教学的教师有 6 位,却没有开设体育舞蹈体育课。由于课程设置、场地因素等暂时不能担任体育舞蹈课程教学,使得教师资源没能得到充分的利用,造成了一定的浪费。我们应该缩小现担任与未担任体育舞蹈教师间的比例差距,实现资源利用的最大化。

(2)训练队中体育舞蹈教师资源开发利用分析

训练队中带队教师的专业能力和技术水平直接影响着训练队的整体水平和竞争能力。体育舞蹈专业教师无论是在专业理论教学上还是带队训练的经验上以及专业能力的素养上,一般都要比其他非专业教师要有优势。目前调查的广西 15 所高校中只有 9 所学校有过训练队的经历,即共有 9 个训练队。通常情况下,一所学校只有一个训练队,一个训练队只有一至两名带队教师。从调查体育舞蹈训练队的教师来源情况可以看出,9 个训练队中,体育舞蹈教师的来源主要是专业教师、艺术体操教师和健美操教师。其中体育舞蹈专业教师占了 33%,艺术体操教师也占了 33%,健美操教师占了

22%,其他专业教师占了12%。

　　其中只有3个队伍是体育舞蹈专业教师带领训练和学习的,3个是由原始专业艺术体操教师带队,两个是由原始专业为健美操教师带队的。由此可见,专业的体育舞蹈教师在广西高校属于稀缺资源,在现有的情况下,我们应该充分利用现有资源的基础上加快促进角色转换,把其他基础较好的非专业教师如艺术体操教师和健美操教师进行体育舞蹈相关培训和指导,促进其在理论上和实践技术的升级,加快成为一个合格优秀的体育舞蹈教师。

　　(3)培训班中体育舞蹈教师资源开发利用分析

　　学校为了适应广大学生对体育舞蹈学习的热爱和追求,特开设培训班以满足学生的需求。在调查的广西15所高校,现已开设培训班的学校有7所,一般学校的培训班由一名教师进行担任教学,但有个别开设较好的学校会由多名教师担任,像开展较好的学校有广西师范大学,由于学生需求量大,培训班较多,由多名教师担任教学。由调查可见,广西高校培训班中的体育舞蹈教师来源主要由本校体育舞蹈专业教师、社会专业人员和相关专业学生组成。其中专业教师有占了37%,社会专业人员占了21%,另外相关专业学生也占了37%。例如:开展较好的有广西师范大学,充分利用教工活动中心场地,聘请社会专业人员进行教学;桂林理工大学充分利用体育舞蹈相关专业方向学生,进行体育舞蹈培训班的教学。这都是充分开发教师资源,扩大需要,满足需求的表现。专业教师受时间、精力等因素的限制不能再承担其他形式的教学,故而出现了新的师资来源。社会专业人员技术高超,应对其进行充分挖掘和利用,提高其参与比例。相关专业学生技术比较良好,能够胜任初级体育舞蹈爱好者的教学和担任。一方面可以满足师资方面的压力,另一方面也使相关专业学生在教学能力上和技术水平上都得到提升,这是互利双赢的举措。

　　(4)社团协会中体育舞蹈教师资源开发利用分析

　　体育舞蹈社团协会的组成由共同的体育爱好者自主、自愿创立,其成员在共同爱好的基础上自愿参加社团活动。学生社团协会组织可以给广大学生提供自我教育和自我成长,培养各种能力,开拓知识面,挖掘潜能,发展个人爱好和特长的广阔空间。社团活动作为大学生课程组成的部分,在促进学生身心健康、全面发展,丰富校园文化生活方面发挥着积极作用。通过调查,广西 15 所高校中只有 7 所学校组织了社团协会的形式,社团协会中体育舞蹈教师来源主要是由学习过体育舞蹈的学生来进行教学和指导工作,占了 57%,其次就是体育舞蹈专业的学生占了 29%,再次就是体育舞蹈专业教师只占了 14%。可以明显地看出,社团协会的组织管理和教学主要是以学生为主体地进行教学,这在理论上和技术上都有一定的限制。我们应该提高体育舞蹈专业学生和参与过体育舞蹈学习的非专业学生在社团协会方面的教学能力和技术水平,一方面体育舞蹈专业学生应该积极稳固地学习专业理论知识和专业技术,把它运用到社团协会的教学中来,这不仅锻炼了教学能力、专业技术,又获取了丰富的教学经验。另一方面应该培养那些舞感基础较好的非专业学生,扎实基础、稳固技术、提高教学。在学习中形成先会的带动后会的,跳得好的带动较为差的良好风气,这对社团成立具有积极的作用。

二、广西高校体育舞蹈学生资源开发利用分析

通过调查分析可知,除了教师是最关键的人力资源开发和利用对象之外,其次就是学生,教师起主导作用,学生起主体作用,两者都是极其重要的资源,在开发利用过程中要充分考虑这两方面因素,才会收到比较良好的效果。学生是教育的对象,这是自古以来教育者为学生的定位。教育家苏霍姆林斯基曾经反复强调:学生是教育最重要的力量。如果失去了这个力量,教育也就失去了根本。因此学生不仅仅是教育的对象,更是教育最重要的资源,没有了学生也就没有了教育。广西高校的学生资源是极为丰富的,应当充分开发利用使其成为体育舞蹈学生资源。

(一)学生学习体育舞蹈动机调查分析

随着社会生活质量的提高,现代"文明病"日益严重,人们对自身的健康越来越注重。参加体育舞蹈运动,能消除体内多余脂肪,增进健康,保持体形,减少疾病。由大学生学习体育舞蹈动机的调查显示,健身占 78% 位居第 1 位,健美形体占 61% 居第 2 位,娱乐身心占 56% 居第 3 位,其他依次为提高技能水平、时尚需求和人际交往。我国普通高校学生学习体育舞蹈动机

中锻炼身体所占比重最大,充分体现了大学生把体育舞蹈作为增强体质、提高生活质量的需求。高校大学生参加体育舞蹈活动的意识与促进人的身心健康紧密地联系在一起,这与体育舞蹈健身、健美、健心的整体化功能是分不开的。很明显,体育价值取向影响着学生学习的内在倾向。表明了大学生从事体育舞蹈运动是满足他们生理、心理和社会适应的多元化需求。

(二)学生开始学习体育舞蹈的时段分析

学生学习体育舞蹈的时段能够反映很多方面的信息,如对体育舞蹈了解的程度、个人技术水平、学习的时长等等。学生开始学习体育舞蹈的时段可以从折射出哪个阶段是学生学习体育舞蹈的最普遍时间,以方便我们抓住最佳时机,充分开发利用有效资源。有多少学生资源,就能及时得到反馈,快速合理地配置教师资源。一方面能够充分利用资源,另一方面也不至于造成对师资的浪费,实现资源利用的最大化。通过调查可知,学生开始学习体育舞蹈的时段主要是从大学时期,共有280人,占据的比例较大。初中时期开始学习的有60人,初中时期,学业压力相对较少,时间比较充足,学习的人数占了一部分比例。高中时期学习体育舞蹈的人数较少,只有20人,受到升学、时间等多种因素的影响占的比例较小。由此可知,大学时期是学生接触体育舞蹈较为受欢迎的阶段,其中是有原因的:一方面是大学期间学业压力负担得到大大减轻,课余时间比较充足;另一方面高校的教师资源比较丰富充足,能够满足学生们的需求。所以说大学时期是发展体育舞蹈的良好阶段,这对体育舞蹈资源课程的开发和利用提供了巨大的空间,应该好好把握这一有利形势。

(三)学生学习体育舞蹈的时长分析

学生学习体育舞蹈时间的长短,一方面说明其喜爱体育舞蹈的程度,另一方面也显现出其体育舞蹈技术水平的高低情况。从调查我们已经知道大学是学生接受和学习体育舞蹈人数最多的时期,但是也可以发现,大部分学生学习该舞蹈的时间并没有坚持多长,学习体育舞蹈时间的长短呈明显下降的趋势,这样的现状不利于体育舞蹈快速长远的发展。所以我们要发现问题、解决问题,找出学生没有长期坚持学习的原因,并及时解决。教师和学生要充分发挥主观能动性与积极性,稳固学习一个学期的基础上,不断提高学生继续学习体育舞蹈的比例,这样才能真正推动体育舞蹈的普及和发展。教师作为主导地位,一定要充分发挥带领作用,引导学生向长远方向发展。调查可知,高校大学生参加体育舞蹈活动是体育舞蹈健身、健美、健心的三大作用紧密相连的。根据现状,我们应该实施相关对策,在体育舞蹈健身、健美、健心的作用的引导和锻炼下,把学生的主动和积极性充分调动起来,持之以恒,坚持不懈。这样教学质量和教学效果将会达到明显的提升,学生的能力技术水平也将会提高一个台阶。

三、广西高校体育舞蹈课程物力资源开发利用现状分析

场地器材是体育舞蹈教学的物质基础,是影响体育舞蹈教学质量和效果的重要因素。调查显示,我国普通高校应采取各种有效的措施,尽快改善体育舞蹈教学条件,为师生营造一个优美、整洁、宽敞的教学环境,将"令更多的师生对体育舞蹈的教学环境满意"视为体育教学改革的目标之一。各高校的场地设备大同小异,现有的场地基本能够满足体育舞蹈体育课的教学需求。体育舞蹈体育课的场地都是在木质的或胶质的室内空间上课;训练队是利用课后或是周末空闲时间使用体育课上课的场地进行训练。培训班利用课后场地的空档时间使用,充分利用了场地的间歇时间,以达到场地资源的充分利用。社团协会一般都是申请活动室、教学楼大厅、广场等场地进行学习或相关活动。由于客观因素的影响,训练队和培训班应该合理安排时间,可充分利用场地空档时间安排训练或学习,社团协会为了能有更合适的场地设施,应该克服困难,积极利用合适的场地,提高学习效果。从现有设备来看,镜子和音响是体育舞蹈课程资源必备的两大要素,其他的设备次之,这可以根据学校提供和教师需求自己做出适当的调整,但是有些教师希望能够添置一些新设备或器材以满足其教学需要和学生需求。除了现有设备器材外,希望添置的主要有电脑、多媒体、摄像机、投影仪、综合馆等等。这可以充分说明现有设备不能完全满足教学需求。另外通过调查问卷可知,现有的设备很多没有得到使用,发挥其作用,使用率低下。特别是投影

仪,其次就是把杆,这已经成为一种摆设,器材设备没有得到充分利用,造成了资源的相对浪费。

通过对学生对学校现有体育舞蹈场地设备满意程度分析可知:39.9%的学生对现有的体育舞蹈课程设备和器材资源持满意态度,约28.8%的学生对目前现有的设备器材资源表现出强烈的不满足感,所以我们还需要进一步努力,进一步完善这方面资源,特别是在需要添置的和供不应求的地方加大投入,以便满足教师和学生双方面的需求。对于暂时供不应求的可充分利用球类场地或者是调整时间,以满足使用场地的需求。

四、广西高校体育舞蹈课程内容资源开发利用现状分析

课程内容资源方面主要包括两大块内容,即理论课程内容资源和技术课程内容资源。

(一)理论课程内容资源开发利用的分析

从调查数据分析可以得知:61.1%的教师不进行纯理论课程教学,这种现象在高校普遍存在。因为体育舞蹈课程以技术教授为主的。无论是体育课、训练队、培训班还是社团都是以技术教授为主,加之受到课时数的制约,教师往往将一些基础理论知识穿插在技术教学当中。尤其是体育课中教师应该加强理论知识的传授,可通过一些欣赏课进行理论教学,提高学生的基础知识和审美能力。在教学过程我们不应该忽略对理论知识的传授,要加大对理论知识的重视意识。要在重视技术内容传授的同时,适当地加大理论课程内容教学的传授。康德曾说过:"没有理论的具体研究是盲目的,而没有具体研究的理论是空洞的。"这充分说明我们应该要兼顾理论和实践,两者是相互联系,不容分割的。在开发利用上,可以在转变观念和思想,可以充分利用现有设备的基础上以多媒体的方式展现给学生更多的理论知识和技术基础知识,一方面是充分利用现有资源的体现,另一方面实现了新的理论知识的呈现,避免了纯理论教学课堂的枯燥和乏味,也给学生们带来了更多的视觉冲击,有利于提高他们的主动性与积极性。这是开发理论教学的新方式,值得付诸实践。

(二)各课程形式选用的技术内容开发利用的分析

体育课、训练队、培训班和社团协会这四种形式,由于教学目标和教学对象的不同,因此在教学内容的选择上具有一定的差异性。从调查可以看出:各个课程形式选用的技术内容有区别。体育课中选用的技术内容主要以广西刘芳创编的套路为主,以自编套路与教研室集体制作套路为辅。刘芳创编套路主要以简单的基本步法和简单的手臂动作组成,容易被学生接受和学习。体育课中学生的身体素质和协调能力相对较弱,水平差异较大,选择刘芳套路比较适合体育课的教学。训练队中选用的技术内容一般都是以自编套路进行训练,会夹杂着极少部分的规定套路的练习。训练队的自编套路主要是以参加比赛、夺得优异成绩为主要目标,动作花样多变,具有较大的竞技性。训练队中队员身体素质较好,技术基础较好且具有一定的创编和审美能力,能够较好地接受自编套路的学习。培训班中选用的技术内容由自编套路、教研室集体制作套路和规定套路共同组成的,学员建立在爱好的基础上,主动性与积极性较强,学习效果较好。社团协会选用自编套路和规定套路为主的技术内容教学。综合分析可知,各个课程形式选用的技术教学内容具有各自的特点。在开发利用上,体育课中应该适当减少学习刘芳套路的比例,因为体育舞蹈技术在不断更新,不断发展,而刘芳套路自创编以来已有十余年的时间,我们要在吸收其精华的方面适当进行技术的革新,不断学习新的技术,跟随体育舞蹈发展的脚步。训练队中选用的主要是自编套路,充分发挥了自己的主观能动性,在此基础上,我们应该更多地观看或学习国外优秀舞者华丽的舞步和先进的技术,把它们应用到我们自己的自编套路中来,使之真正消化和吸收形成具有我们自己特色的舞蹈风格特点。培训班中选用的技术内容相对均衡且广泛,我们可以充分听取学生们的建议,选用适合大部分学生想要学习的内容和要求。社团协会中选用的内容要根据学生们的基础和想要达到什么样的程度,由于管理、教学各方面因素的影响,其学习效果较弱,应选择比较简单易学的内容。

(三)体育舞蹈课程各形式具体舞种教学内容分析

体育舞蹈是以男女为伴的一种步行式双人舞的竞赛项目。通过分析调查可以看出:广西高校体育舞蹈主要以教授拉丁舞为主导,课堂学习以个人拉丁舞为主;摩登舞更加注重舞伴的需求,目前摩登舞未能得到很好的普及,大部分是由于缺少男性舞伴的原因。体育课中学习最多的是伦巴舞,其次是恰恰、桑巴、牛仔和斗牛。训练队中也是以拉丁舞的学习为主,五个舞种都要进行学习,相对比较全面和均衡,这和训练队去参加比赛获得优异成绩是有关系的。培训班中除了学习拉丁舞五个舞种之外,还会学习摩登舞中的部分舞种,其中华尔兹占的人数较多,其次就是探戈舞。社团协会中也主要是以拉丁舞为主,学习的人数比较少。总体来说,体育舞蹈中拉丁舞得到了较大的普及和发展,而很明显的是体育舞蹈中的另一个舞种摩登舞没有得到充分的开发和利用,这和其舞种风格、个人喜爱和缺少男性舞伴有一定的关系,教师作为引导者,应该要适度引导学生学习摩登舞,促进两种项目的均衡发展,充分开发摩登舞舞种的资源。

(四)教师与学生对教学内容资源的满意程度分析

从调查问卷中教师自我满意程度上可以看出,通过时间和实践的积累和探索,可以摸索出适合自己和学生的教学内容的基本满意程度达97%,但是对自己非常满意的只有10%,从总体上看还是远远不够的,教师要进一步提升自我修养,不断实现自我教学满足感。从学生满意程度上看,89%是满意现有教师教学方式的,只有11%对教师的教学内容存在质疑,不太满意,出现这样的现状,说明部分教师需进一步调整教学内容的教学。综合比较可知:学生对教师的教学内容要求在不断提高,这将不断促进教师素质的提高,针对不足的地方,加强改进,争取提高学生对教师教学内容的满意程度。

五、广西高校体育舞蹈课程经费资源开发利用现状分析

体育舞蹈课程经费资源的开发利用主要是指学校对体育舞蹈经费的投入、社会对于该项目的赞助和捐赠以及自己创收三方面。

首先,学校经费投入占了73%,这是比较大的一部分资金投入。主要包括对该课程项目的场地器材维护及更新情况、对该课程相关活动经费的支持和代表学校参加比赛等经费投入等,学校经费的投入是体育舞蹈课程是

否正常运行和发展的决定性因素,影响非常巨大。其次是社会赞助和捐赠占了17%,它主要是包括社会赞助和社会捐赠两个方面。社会赞助它主要由商家提供部分资金通过体育舞蹈相关活动的形式表现达到提高自己的形象、有助于产品的销售和增强宣传的说服力和影响力的一种影响手段,这是一种互利的措施。社会捐赠主要是为了社会做贡献、促进该项目的良好发展、赢得公众的信任和提高知名度等目的。最后就是自己创收占了8%,自主创收主要是外出商演或赢得比赛奖金等方式。总体分析可知,在经费资源开发利用上,学校经费投入基本达到最大利用,而社会的经费资源是相对丰富而且雄厚的,我们应该加强开发社会上资金投入比例,充分挖掘和利用,争取获得更多的经费,这将有利于各种相关活动和赛事的组织。在自己创收方面,我们要不断提高自己的技术水平,提高知名度,呈现最好的水平给观众,这样不仅有利于争取更多的商演机会,收入也会更上一层楼。

六、广西高校体育舞蹈课程信息资源开发利用现状分析

体育舞蹈信息资源主要是指任何有关于体育舞蹈知识、体育舞蹈网络信息、相关图书和期刊等载体知识,都是体育舞蹈信息资源。

(一)高校教师获取体育舞蹈信息资源的主要方式分析

高校教师获取体育舞蹈信息资源的主要方式是电子网络、印刷媒介、朋友交流和现场观看。其中电子网络占据了90%的比例,而印刷媒介占了26%的比例,朋友交流占了20%,现场观看比例为29%。从教师获取信息资源的方式可以看出,电子网络是人们获取知识的重要媒介,已成为当代人们生活中的重要方式,不仅仅在体育舞蹈方面,在其他方面也是如此。在信息高速发展的时代,电子网络是我们继续学习,获取知识最快、最好、最受欢迎的方式。印刷媒介在知识的构成上,具有系统化和条理化的特点,逻辑清晰,层次分明。教师与教师之间可多进行理论上和技术上的沟通和学习,集思广益,实现资源利用的最大化,有条件的教师可以适当进行现场职业体育舞蹈舞者的观摩和学习。

（二）高校学生获取体育舞蹈信息资源的主要方式分析

学生对体育舞蹈信息资源的获取主要来自教师的教学,占81%,这说明教师在学生获取信息资源中起着重要作用。目前,网络资源极其丰富,教师自身拥有相对较大的资源储备。教师可以将课堂作为一个小组,建立一个QQ群,将教学内容和信息共享到小组中,这样每个人都可以在课堂上学习和共享资源,如音乐、视频、动作练习等,以便更好地进行复习和反馈,如果学生有问题或困难,可以通过群聊获得老师和学生的帮助,这对提高教学效果有很大帮助。我们还可以利用多媒体进行教学,及时提供学习视频,让大家知道自己的优缺点,并及时纠正。其中,电子网络占12%,印刷媒体、朋友交流和现场观看占12%,说明学生获取体育舞蹈信息资源的主动性不高,主要是被动接受教师的教学知识和信息。在当今网络信息发达的社会,他们应该积极获取相关知识,以便学习更多。在教学中,教师应培养学生主动获取知识的能力和意识。此外,我们应该增加对印刷媒体信息的获取,因为这种方式是一个相对全面的、标准化的知识体系,内容丰富。

七、影响广西高校体育舞蹈课程资源开发利用的因素分析

体育舞蹈课程资源的开发利用是一项艰巨而复杂的工程,受多种因素的影响和制约。这些因素中有些是可控的,但有些是不可控的。为了研究影响体育舞蹈课程开发利用的主要因素,笔者首先咨询了体育舞蹈专家,确定了影响体育舞蹈发展的主要指标,然后对指标进行了修订,最后确定了以下指标。影响广西高校体育舞蹈课程资源开发利用的前六位因素是教师资源、场地设施、经费、学校课程、领导重视和学生资源。

（一）教师资源对体育舞蹈课程资源开发利用的影响

体育舞蹈教师在体育舞蹈的发展中起着重要的作用。体育舞蹈教师的数量和水平直接关系到体育舞蹈教学质量的提高和学生技术水平的提高。体育舞蹈教师的数量是开设体育舞蹈课程的基本条件,是开发利用课程资源的必要条件。体育舞蹈教师的科研能力和技术水平是影响其开发利用广度和深度的重要因素。因此,教师资源对体育舞蹈课程资源的开发和利用

有很大的影响。体育教学应确保体育舞蹈教师的数量满足学生的学习需求,培训团队要求教师具备专业的培训理论知识和较高的技术水平,培训班对教师的教学内容和教学技术要求略高,应在专业的指导下建立协会。教师的工作是积极的、创造性的。随着体育事业的发展,各种教学理论和教学实践也在不断发展。广西高校体育舞蹈教师资源丰富,但专业教师短缺,教师整体水平不高。

(二)场地设施对体育舞蹈课程资源开发利用的影响

场馆设施资源是体育事业发展的物质保障条件之一,也是影响体育事业发展的重要因素。没有一定的场地和设施,体育舞蹈课程资源很难得到充分开发和利用。体育舞蹈的教学需要室内场地和设备,通过调查研究发现,广西高校体育舞蹈课的场地和器材基本能满足教学需要。训练场地主要利用体育课的课余时间进行训练。培训班还应充分协调公共场所或体育舞蹈场所在不同时间段的使用。三个场馆的使用情况基本相同。通常,协会在学生活动室、教学楼大厅或开放式水泥地上组织相关活动。体育舞蹈对场地设施的要求较高,这与体育舞蹈自身的技术特点有关。场馆设施的标准对教学效果和技术水平具有重要意义。

(三)经费问题对体育舞蹈课程资源开发利用的影响

经济基础决定上层建筑。当然,体育舞蹈资源的开发利用离不开资金的支持。教师的引进离不开资金的投入。场地设施等所需资金的投入应建立在一定的物质基础上,以获得稳定的经济收入和来源,保证其充分利用和发展,稳步促进体育舞蹈的发展。通过对广西高校体育舞蹈经费现状的分析,高校体育课要充分合理利用学校的支持,及时维护和更新场馆设备,基本保证教学的正常进行。培训团队对资金的要求很高,资金的多少直接影响到整个团队的发展和成长。培训课程主要依靠学生支付的学费进行。一方面,教师获得一定的收入,学生可以学习他们需要的技能。另一方面,也使体育舞蹈在更大范围内普及。协会的资金来源主要取决于会员费的支付,这直接影响到协会活动的发展。

（四）学校课程设置对体育舞蹈课程资源开发利用的影响

学校课程安排影响项目的发展。目前,高校项目繁多,有些学科无法开设。在传统体育的影响下,新兴项目很难在短时间内安排在课程计划中,更不用说开发和利用了。因此,适度替代一些传统项目,引入新兴元素,将对激活课程起到一定作用。总的来说,学校课程对体育舞蹈体育课程的发展有很大的影响。能否顺利开展,对其他课程的推广、普及和宣传也有着深远的影响。

（五）领导重视程度对体育舞蹈课程资源开发利用的影响

领导的重视程度对高校体育舞蹈发展起着关键性的作用。一方面领导重视体育舞蹈资源的开发和利用,将会在经济上和政策上给予较多的帮助和支持,推动其快速发展;另一方面也会加大开发和利用的宣传,在思想上和行动上全方位地动员教师和学生,高涨各方人力资源的主动性与积极性,将有利于开展工作。

（六）学生资源对体育舞蹈课程资源开发利用的影响

除了教师是最关键的人力资源开发利用对象外,学生也是影响资源开发利用的另一个最重要的人力资源因素。学生资源的数量和身体素质直接影响着学生资源的开发利用程度。为了实施这门课程的教学和发展,必须保证一定数量的体育人才;在保证一定数量的同时,培训团队要精心挑选基础素质好、协调能力强的学生参加培训,这对整个团队的水平和长远发展起着极其重要的作用。培训班主要是一个营利组织。学生人数取决于学生的兴趣爱好,只有确保一定数量的学生才能发展。社团主要是为了聚集兴趣相同的爱好者进行交流和学习,在数量等方面没有要求。广西高校学生资源极其丰富,应充分开发利用,使其成为体育舞蹈专业的学生资源。

第二节　高校体育舞蹈课程资源开发策略

一、对体育舞蹈人力资源的开发利用

(一)引进专项能力较强的教师和培养现有师资的技术水平

体育舞蹈是一项新兴的体育项目,也是一项高度专业化的项目。它有十种不同风格的舞蹈。高校体育舞蹈教师不仅要掌握体育舞蹈的技术动作,具有准确、优美的演示能力,还要有精辟的讲解和独特的教学技巧,以吸引学生的注意力,激发学生学习体育舞蹈的主动性和积极性。目前,广西高校体育舞蹈教师大多从其他专业转为体育舞蹈教师。专业技术基础相对薄弱,培训机会和意识不强,体育舞蹈技术和理论知识不能及时更新。因此,一方面要引进具有较强专项能力的体育舞蹈教师,为广西高校体育舞蹈注入新鲜血液,激发活力和激情。另一方面,要在广西高校体育舞蹈教师队伍相对丰富的基础上,加大对体育舞蹈教师的技术培训和理论知识学习,不断深入开发利用,以满足学生的需求,适应时代的发展。总之,体育舞蹈教师要与时俱进,树立新的教学理念和先进的教育理念,掌握现代教学技术手段,不断提高自身素质,以适应现代教育对体育舞蹈教师的高要求。

(二)提高教师对体育舞蹈课程资源开发利用的意识

人力资源开发就是要充分挖掘人的潜能,充分发挥人的各种作用,体现人的各种价值观。体育课程设施需要充足的人力资源支持,其中最重要的是体育教师。体育教师不仅是体育教学的组织者,也是体育教学的开发者。他们对学生起着引导作用,并对体育教学的顺利进行做出决定。然而,由于受我国高校部分人事制度和职称评定与聘任制度的影响,目前高校体育舞蹈教师队伍难以满足学生的需求。开发体育舞蹈课程资源的意识相对薄弱。体育教师是开发体育舞蹈资源最重要的人力资源,要调动大脑,不断增强开发利用意识,树立相关观念;注重对教材的理解,灵活处理和传授知识、技术和技能;适当改变体育舞蹈教学内容,充分利用大脑,进行自主创造和发展;不断丰富教学形式,充分利用现有资源,采用现代教学方法,最大限度地调动学生的积极性和积极性。这对资源的开发利用起着重要作用。

(三)可采用互聘制度,共享体育舞蹈教师资源

通过对广西体育舞蹈教师现状的分析,可以看出,广西体育舞蹈教师的相互雇佣和资源共享相对薄弱。受学校经济和体制的限制,学校可以充分利用校外其他优秀体育舞蹈教师,根据自身需要共享体育舞蹈教师资源。一方面,它可以降低就业成本,减轻财政压力。另一方面,它能更好地享受到丰富的优质资源,既能满足学校的需求,又能满足学生学习体育舞蹈的需求。这是一个双赢的局面。对于那些暂时存在财政困难和短期缺乏教师资源的学校来说,这是一个很好的解决方案。

(四)邀请专业人士来校进行讲学或是表演,激励视觉冲击

受教师水平和经济限制的限制,经常邀请专业人士在学校讲课或表演是不现实的。之前的调查反映了这种状态和事实。但仍然可以一年做一次。一方面,这项措施可以为高校体育舞蹈教师提供一个很好的学习机会,让他们亲身体验专业人士的舞蹈姿势和知识,也可以与他们交流和学习;另一方面,学生可以开阔视野,看到高水平舞蹈演员的风格,激发学生的热情和进一步探索学习体育舞蹈的兴趣,一举两得。此外,我们还可以与周边学校协商共同支付资金,这样可以减轻经济压力,让更多的人学习并看到专家的才华和魅力。

(五)采用教学表演或比赛,激发学生的主观能动性

体育舞蹈课程的设置必须结合学生的身体、心理、年龄特点、兴趣爱好以及学校的具体情况,科学合理。除了根据学校体育教学大纲的目标选择体育舞蹈中的具体舞蹈项目外,教师还应尽量满足学生的要求。以学生为中心,建立多样化的学习和教学方法,可以充分体现地方特色和学校特色。经过调查,教学表演和参加比赛受到学生的广泛喜爱。一方面,教师可以以此来促使学生自觉、积极地参与学习,并将学习视为一种自我展示和自我肯

定的方式,这样的教学效果和学习效果会更好。另一方面,丰富了体育舞蹈课程的内容,完善了校本课程体系。教学表演和参加比赛实际上是以表演的形式向公众展示体育舞蹈,这对体育舞蹈的推广和宣传起到了很好的资源作用,对进一步开发更多的学生资源具有重要意义。

(六)大力拓展新生资源和巩固已有学生资源

根据现状调查,大学时期是发展体育舞蹈、开发体育舞蹈学生资源的最佳时期。这一时期的人力资源相对丰富,但能否转化为体育舞蹈人力资源还需要我们的开发和利用。新生资源是最具潜力的资源。他们刚刚进入校园,进入了一个新的环境。他们对一切都充满好奇。我们应该引导他们,让他们加入体育舞蹈的氛围。第一,我们应该大力宣传体育舞蹈。可以通过张贴海报、分发传单和自愿表演,让每个人都了解体育舞蹈,激发他们的兴趣和热爱。据了解,大多数体育舞蹈参与者在仅仅一个学期后就放弃学习体育舞蹈,这是体育舞蹈人力资源的严重流失,不利于体育舞蹈的长期开发和利用。第二,提高教学质量,丰富教学内容。学生是否真正掌握了体育舞蹈技术,课堂是否活跃,反映了教师的水平和能力。教师在整个过程中起着关键作用。第三,课后教师要及时评价总结,与学生沟通交流。不仅要关注技术的成长,而且要关注对体育舞蹈的理解和情感培养,这对体育舞蹈的长远发展是不可估量的。

二、对体育舞蹈物力资源的开发利用

(一)从实际需求出发,大力开辟新场地

通过对体育舞蹈场馆设施和资源现状的调查,可以看出一些学校的场馆和设备不能满足师生的需求。因此,我们应该从实际需要出发,在现有物质基础上大力开拓新的场馆资源,以满足体育舞蹈课程的需求。目前,体育场馆基本能满足要求。除了使用体育场地外,训练队还可以充分利用室内平整的场地。一般来说,训练课应该在一个相对封闭的空间里进行,可以开发和利用室内有氧运动和瑜伽场地。相对而言,协会社团对场地的要求不像体育课、训练队和训练班那样严格,但除了使用上述场地和设施外,他们

还可以在光滑的瓷砖地板上练习。这种场地的选择范围很广,如教学楼的大厅、学生活动中心等。

(二)提高现有场馆的利用率

根据问卷调查,现有场地基本能满足教师的教学需求,但在课外时间,一些学生希望自己练习。节目安排和参赛场馆不能完全满足需要,所以应全面提高学校体育场馆的利用率。同一个场地可以有不同的用途,不同的运动也可以使用同一个场地。学校场地和设备的布局不仅要保证学生在当地活动,还要保证安全,加强场地和设备的维护。合理利用有限的财力和物力资源,合理延长场地使用时间,划分教学时段,学生可以根据自己的时间和需要自由选择学习和锻炼时间,大大提高场地利用率。

(三)发挥邻近地域优势,实现场馆资源共享

充分发挥邻近地区优势,最大限度实现场馆资源共享,节约资源。建立学校与校际、校内与校外之间体育舞蹈课资源协调与共享机制。共享机制加强了学校与学校、学校与社会之间的交流,使它们之间相互学习、取长补短,从而提高了体育课程资源的利用率和社会效益,对推进体育课程改革起到了积极的作用。比如,广西师范大学和漓江学院、桂林理工大学和博文管理学院共用场地设施和教师资源,学生充分利用两校之间的占地、教师和其他等学习资源,这是充分实现资源共享的良好体现,将实现资源开发利用最大化。高校开发和利用体育舞蹈课程资源应从实际情况出发,以体育课程标准和教材作为体育舞蹈课程资源开发的依据,发挥地域优势,强化办学特色,展示教师风格,因地制宜地开发和利用体育舞蹈课程资源。同时,科学合理地开发体育舞蹈课程资源,完善高校体育课程设置,推进高校体育教学改革,加快高校体育教育的发展。

三、对体育舞蹈课程内容资源的开发利用

(一)丰富教学技术内容,使之多样化

按照学生认知规律和身心发展特征来组织和开发教学资源,实施教学技术内容,才是符合科学规律的。教师要研究教材,整合教材,把教材与学

生的体育健身实际结合起来,与学生身心发展规律结合起来,与学生体育舞蹈基本知识、技能的学练结合起来,与学生之间的差异性结合起来。通过丰富教学技术内容,使之多样化。不断改变教与学的行为,开发和利用更丰富的教学技术内容资源。把它当作自己不断挖掘技术内容的动力和实践研究。

（二）开发理论课程内容资源,使之系统化

理论课程内容作为重要的课程资源,更重要的是学生利用已有的知识和经验,主动探索新知识,提高实践能力、合作能力和创新精神,其利用和开发的重点是教师如何研究和处理教材。教学与教材内容的移植并非易事。特别需要教练者的创造加工,使教材内容转变为学生学习的教学内容,成为发展学生体育知识、技能、文化素养的教学内容,赋予教材生命的活力。对教学中教材的研究和处理,一是基于教材构建优化的教学内容,加强内容之间的衔接,引导学生自主处理信息,形成自我体育和健康知识的储备和发展。二是探究教学内容,根据学生身心发展特点建立体育学习水平,通过教材内容知识点构建教学中的问题序列,采取"问题+解决办法"的问题解决模式,培养学生分析问题、解决问题等体育实践能力。三是教学经验化,根据教材内容,尽量发掘和利用与学生学习和体育锻炼实际经验相近的教学内容,让教材内容回归学生的实际学习、体育活动环境,注重体育知识、技能的体验。

四、对课外或校外体育舞蹈资源的开发利用

（一）参阅图书馆的书籍资料等,提高理论上的认识

依据现状调查研究,教师和学生基本上不会主动去查阅相关书籍等印刷媒介,获取相关知识。高校的图书馆是一个巨大的知识网,里面的书籍资料相对比较系统化和规范化,也是教育界认可的公认的知识体系。这么大好的资源,我们应该充分利用和吸取知识的营养,畅享在知识的海洋中,不断提高理论上的认识和修养。

（二）注意及时更新音乐、影像资源，与时俱进

体育舞蹈是时尚潮流、更新变化较大的一个项目。音乐是舞蹈的灵魂，所以对于音乐的选择很重要。相关赛事的组织以及表演事件，伴随着各种音乐的产生和舞蹈编排的体现和流露，也是最前沿的新兴的事物。所以无论是教师还是学生应该注意及时更新音乐、影像资源，与时俱进。教师作为知识技术的主要传授者，在这方面的重任比较重些。

（三）组织参与校内外体育舞蹈表演或竞赛，不断提高技术

体育舞蹈是一个比较新兴的体育运动项目，具有很强的表演性质。加强相关的表演和竞赛对于互相学习和提高技术能起到极其重要的作用。在新的时期，我们也应该把这种作用运用到我们的高校合作里面去，各个高校之间应该经常通过举办一些邀请赛或表演庆典等性质的比赛与活动，这样不但能使参赛高校的学生队伍互相学习、切磋舞艺，同时也能加强联系、增进友谊，从而也为推动高校之间体育舞蹈技术的良好发展起到积极作用。

五、对体育舞蹈课程经费资源的开发和利用

（一）学校适当加大经费投入

依据学校对体育舞蹈专项经费的支持程度来看，每个程度的支持比例没有较大的差别，这说明总体来说广西高校对于体育舞蹈经费的支持程度没有较大的倾斜，这是良好的现象。但是要想体育舞蹈能够更好、更快、更远地发展，就必须有经济的支持，这样该项目资源的开发利用才能永葆青春与动力。

（二）积极拓宽经费收入渠道

鉴于目前体育舞蹈经费短缺，我们不能总是依靠学校提供的巨额资金支持，这很难做到。一方面，应积极拓宽资金收入渠道，积极吸收社会资金和赞助。目前的情况表明，这一比例太小。我们必须引起社会的关注，与双方协商，实现互利共赢。另一方面，我们应该创造自己的收入。在这方面，我们必须首先实践我们自己的技术，这样我们才能得到更多的关注和普及，

并能获得更多的商业表演。这些大型表演和庆祝活动的收入相当可观,这对体育舞蹈队的后续和长远发展起到了积极的作用。

六、对体育舞蹈信息资源的开发利用

(一)优化整合资源,构建体育舞蹈资源库,共建资源交流平台

课程资源的多样性使相同的课程资源能够服务于不同的课程目标,不同的教学也可以使用相同的课程资源。因此,在体育舞蹈课程资源研究的探索阶段,为避免资源开发的重复性、盲目性和浪费,应拓宽校内外课程资源和研究成果的交流、推广和共享渠道,建立体育舞蹈资源数据库,提供体育舞蹈资源交流平台。学校可以通过相互交流和参考,共享信息资源,提高使用效率。体育场地、设备设施、教材等有形课程资源可以共享,教学经验、教学方法、手段等无形资源也应该加强交流。例如,通过 QQ 群和微信群,我们应该建立一个交流平台,分享体育舞蹈的知识和技术。目前,网络资源极其丰富,应合理开发利用。

(二)运用现代媒体,开发利用网络资源

网络已广泛地应用于体育信息资源的开发上,其中常用的网站有中国体育舞蹈联合会官方网站、舞讯网、Latin 第五大道、中国体育舞蹈网、五环体育舞蹈网、健美操体育舞蹈网、北京体育舞蹈网等。网络的开发给体育舞蹈工作带来了革命性的变化,通过网站可以检索国内外的体育舞蹈组织、体育舞蹈新闻、体育舞蹈科研、最新赛事以及最新视频以及新闻动态等一系列体育舞蹈信息资源;通过远程登录可以查阅各地图书馆的体育信息资源,了解当前的热门话题和前沿的动向,查阅有关体育舞蹈教材的出版及更新换代情况。

第四章　高校体育舞蹈教学概述

第一节　高校体育舞蹈教学基础技能教学与原理

一、基础技能教学

（一）基市扶把方法教学指导

体育舞蹈基础技能教学中,把杆是主要教学内容之一,通过对学生的把杆练习进行科学指导,能够对学生正确的身体姿态进行培养,并促进其下肢和躯干柔韧性及协调能力的发展。在把杆教学中,把杆的高度要到学生的腰部位置。下面就双手扶把与单手扶把的方法进行阐述。

1. 双手扶把

在与把杆相距30厘米左右的位置直立,面对把杆,双手轻轻地放在把上,双手间的距离与肩宽相同,肘部自然下垂,放松肩部。

2. 单手扶把

身体与把杆侧对,一只手轻轻地放在把上,扶把手位于身体的侧前方,肘部自然向下垂,放松肩部。需要强调一点,扶把手要轻扶把,不能过分用力,否则会使身体失去重心和平衡。

（二）基市动作教学指导

擦地、蹲、小踢腿、划圈、单腿蹲、小弹腿、控制等是把杆基础动作,下面就这几个动作展开具体的教学指导分析。

1. 擦地

在整个腿部的动作训练中,擦地是最基础的动作。学生脚站一位或五位的位置上,通过向前、侧、后方向的绷脚练习,对踝关节、脚背的力量和腿部肌肉进行训练,从而通过腿部动作展现出更加优美的舞蹈线条。

(1)动作方法

擦地动作按照不同的方位有三种具体方法,即向前擦地、向侧擦地和向后擦地。学生一位或五位站立,用一只手扶把或双手同时扶把,将臀部与腹部收紧,后背挺直,保持紧张状态。

①向前擦地。

主力腿支撑身体重心,动力腿处于正直状态,将脚尖绷紧向前擦地。脚跟同时以最大的力量向前方顶,脚跟、脚心、脚掌逐渐离地直到整只脚完全在地面上方绷紧,脚面朝外,脚尖与主力腿位于同一条直线。然后按照原路线慢慢恢复到准备状态。

②向侧擦地。

主力腿支撑身体重心,动力腿处于正直状态,向侧方向擦出,开始时整只脚擦地,在擦地的同时要将脚背绷紧,并将脚背推到最高点,脚尖点地,脚跟顶向前方,脚面朝外侧,充分伸长腿部的肌肉。然后按照原路线慢慢恢复到准备状态。

③向后擦地。

主力腿支撑身体重心,动力腿处于正直状态,向后方向擦出。擦地时脚尖先行,尽可能使动力腿伸展到后下方,脚面朝外侧,脚尖与主力腿位于同一直线,然后按照原路线慢慢恢复到准备状态。

(2)教学要求

向前擦地时,脚跟先行,恢复到准备状态时脚尖先行。向后擦地与向前擦地相反。在擦地练习过程中,可以先通过双手扶把的方式来进行向侧擦地练习。然后再以单手扶把的方式进行不同方向的练习。需先慢后快地调整练习节奏。学生初学时,如果开度达不到要求,可先以八字位姿势站立。

2. 蹲

蹲主要是通过不断地进行腿的屈伸,来促进腿部肌肉力量的增加。通过练习蹲的姿势还可以促进跟腱弹性、韧性及膝关节的控制能力的提高。

（1）动作方法

蹲有半蹲和全蹲之分，具体方法如下。

①半蹲。

一位站立，上体处于正直状态；两腿膝部慢慢向下蹲，直到最低限度，但要确保全脚掌着地，此时会感到脚腕和脚背受到了挤压，跟腱部位也有明显的牵拉感，之后两膝缓慢地起立。

②全蹲。

以半蹲为基础继续向下蹲，脚跟逐渐离地，直到蹲到最低限度，此时臀部不能坐在脚跟上，双腿向外开，挺直后背。之后脚跟先着地再慢慢起立。

（2）教学要求

先练习半蹲姿势，再练习全蹲姿势。半蹲练习中，一、二、三、四、五位半蹲的方法都是一样的。全蹲时，三、四、五位全蹲和一位全蹲方法一样，注意二位全蹲时不抬脚跟。

下蹲过程中，腿、膝、脚尖保持一致的开度，下蹲和起立的过程中都保持对抗性。

3. 小踢腿

小踢腿主要是对腿和脚的动作速度及肌肉快速的控制能力进行训练，它以擦地为基础向空中踢出25°时稍加控制，速度和力度都要比擦地大，且具有一定的爆发力。

（1）动作方法

①向前小踢腿。

一位或五位站立，动力腿向前方擦出后继续向空中踢出（中间没有停顿），直到25°的高度时停止继续踢出，落地时脚尖前点地后收回五位。

②向侧小踢腿、向后小踢腿。

向侧小踢腿、向后小踢腿的动作方法与向前小踢腿相同，只是方向不同。

（2）教学要求

学生如果是刚开始接触体育舞蹈，可以先进行分解动作练习，也就是先练习擦地,然后再练踢腿,当对用力过程有所了解之后,再进行完整练习。小踢腿动作练习中,速度快、力度大,因此要保持身体及主力腿的稳定。

小踢腿动作练习中,踢腿高度要严格把控,最高为25°,因此不能踢得过高,同时要注意保持动力腿的稳定。

4. 划圈

划圈主要是通过不停地绕环划动腿部来对髋关节的灵活性及腿的伸展、控制能力进行训练。

(1)动作方法

划圈可由前向后划,也可由后向前划。下面主要就地面划圈和空中划圈两种划圈方法进行解析。

①地面划圈。

由前向后划动:主力腿保持直立状态,动力腿向前方擦出,腿在脚尖的带动下按照前一侧往后的顺序划动,之后恢复到起始状态。

由后向前划动:主力腿保持直立状态,动力腿向后方擦出,腿在脚尖的带动下按照后、侧、前的顺序划动,之后恢复到起始状态。

②空中划圈。

由前向后划动:主力腿保持直立状态,动力腿踢向前方成前25°小鹤立式,大腿不动,伸直小腿,腿在脚背的带动下以胯为轴心在空中按照从前向后的顺序划动,之后恢复到起始状态。

由后向前划动:主力腿保持直立状态,动力腿踢向后方成后25°小鹤立式,大腿不动,伸直小腿,腿在脚背的带动下以胯为轴心在空中按照从后向前的顺序划动,之后慢慢恢复到起始状态。腿在空中划圈时,按照弧线形轨迹运动。

(2)教学要求

髋、主力腿不要随动力腿的划圈而转动,应始终处于正直状态。充分伸展动力腿并保持外开,划动动作要做到位。从前向后划圈时,主要是脚尖带动腿划动;从后向前划圈时,主要是脚跟带动腿划动。腿在空中划圈时,应在脚背的带动下划动。

5. 单腿蹲

单腿蹲主要是通过不断屈伸腿来促进腿部肌肉力量以及主力腿、动力腿相互配合能力的提高,并从中对动作的内在韧性加以感受。

(1)动作方法

主力腿慢慢向下蹲,同时以膝关节为轴缓慢收回动力腿的小腿,脚尖在主力腿小腿前贴近。再缓慢伸直主力腿,以膝关节为轴缓慢向前伸出动力腿的小腿,伸出高度以45°为宜。

也可以向侧、向后方向做单腿蹲练习,动作方法与向前单腿蹲相同,但要注意向后进行单腿蹲练习时,脚尖收回时应在主力腿小腿后贴近。

(2)教学要求

同时屈伸双腿,要协调配合好两腿的动作,要连贯、有韧性地完成屈伸的过程。

动力腿在主力腿伸直的同时向前(或向侧、后)伸出45°,此时要完全伸直两腿后再同时弯曲,不能在没有充分伸直双腿时弯曲腿。

刚开始进行单腿蹲教学时,可先使学生采取双手扶把的方法,进行分解教学,之后再采取单手扶把的方法进行完整动作的教学。

6. 小弹腿

小弹腿主要是通过快速屈伸腿来对小腿和脚部的动作速度以及肌肉快速控制能力进行训练。

(1)动作方法

五位站立,主力腿支撑身体重心,动力腿大腿保持固定不动,小腿快速收回并用脚拍击主力腿的小腿前部,然后小腿迅速向前弹出25°。

向侧、向后也可以进行小弹腿练习,动作方法与向前小弹腿相同,只是向后弹腿时,动力腿小腿收回时脚应击打主力腿小腿后部。

(2)教学要求

快速而准确地将小腿向外弹出。在腿弹动的过程中,身体和大腿不能晃动。

7. 控腿

控腿是通过控制腿的高度来对腿、腹、背的肌肉能力进行训练。

（1）动作方法

主力腿支撑身体重心，动力腿经擦地向前方抬起，在距离地面90°高或更高的位置停住，将动力腿控制一定时间后，再慢慢将其放下。控腿也可以向侧、向后练习，方法与向前控腿相同。

（2）教学要求

上体挺直，收腹立腰，髋部保持正直，伸直主力腿，尽力向上举起动力腿。

开始练习时先将动力腿控制在距离地面90°的高度，待逐渐熟练后慢慢提高控腿的高度。

（三）形体教学指导

体育舞蹈教学中，要重视对学生良好身体姿态的训练。学生身体协调性、灵敏性的提高是以良好身体姿态为基础的，而且拥有良好的身体姿态也可以增强身体的美感与观赏性。

1.芭蕾舞形体教学指导

（1）基本手位与脚位

并拢手指，自然伸长，拇指与中指稍向里合是芭蕾舞中手的基本形态要求。

①基本手位。

以下是基本的芭蕾舞手位。

一位：两臂呈弧形放在身体前面，指尖相对，掌心向内。

二位：两臂以弧形向前平举，平举的高度比肩稍低一些。

三位：两臂保持弧形上举，稍偏前。

四位：一手臂保留在三位，另一手臂回落到二位。

五位：一手臂保留在三位，另一手臂向侧打开。

六位：在三位的手下落到二位，另一手臂仍侧举。

七位：在二位的手由前向侧打开，另一手臂仍侧举。

在练习时需要注意，放松肩膀，自然地弯曲肘和腕，始终保持两臂的弧形姿态，尽量伸展手指。在练习的过程中，还要注意通过手来流露情感。

②基本脚位。

以下是芭蕾舞的几个基本脚位。

一位：两脚跟靠拢，脚尖向两侧，两脚呈一字形。

二位：在一位的基础上，分开两脚跟，保持约一脚的距离。

三位：一脚跟在另一脚跟处相叠，平行站立。

四位：两脚分别位于前后，保持平行，脚尖向两侧，两脚间保持约一脚的距离。

五位：两脚前后平行相靠，脚尖向外侧。

在练习时要注意，站立时髋部保持正直，向上收紧腿部与臀部的肌肉。脚位要有较好的开度，从髋到脚都要外开。

（2）基本站姿

舞蹈姿态是人体静态造型的基本展示方式，鹤立式、交叉式、攀登式、俯望式、迎风展翅式等是芭蕾舞中常用的舞蹈姿态。

①鹤立式。

鹤立式有两种，一种是在动力腿前举基础上完成的前鹤立式，一种是在动力腿后举基础上完成的后鹤立式。鹤立式练习可在主力腿半蹲、直立、立踵等不同的状态下完成。

前鹤立式：动力腿膝部弯曲，向前抬起90°，小腿的高度要尽量比大腿高。手在五位上。

后鹤立式：动力腿膝部弯曲，向后抬起90°，小腿的高度要尽量比大腿高。手在五位上。

②交叉式。

交叉式可分为前交叉式和后交叉式两种方法。

前交叉式：面向8点，右脚在前五位站立。右脚向前擦地，脚尖点地（右脚也可抬起25°、45°、90°以上），手在五位，头向2点。

后交叉式：面向8点，右脚在前五位站立。左脚向后擦地，脚尖点地（左脚也可抬起25°、45°、90°以上），手在五位，头向2点。

③攀峰式与俯望式。

攀峰式与俯望式是在侧举腿的基础上，通过身体和方向的变化而形成的两种不同的舞姿。

攀峰式：身体面向 8 点，左脚在前五位站立，右腿经向侧擦地抬起 90°以上，或经吸腿伸向 90°以上，右手三位，左手七位，稍微向左倾斜上体，向右转头，抬头看右上方。

俯望式：俯望式的舞姿与攀峰式基本相同，主要区别在于将头转向左边，低头看左下方。

④迎风展翅式。

以手臂、腿及身体方位的变化为依据，可以将迎风展翅分为以下四种舞姿。

迎风展翅 1：右腿支撑身体重心，左脚向后擦出点地或将腿向后举到任意高度。向前伸展右手，向侧后斜伸左手，手心朝下，眼睛注视右手所指的方向。

迎风展翅 2：右腿支撑身体重心，左脚向后擦出点地或将腿向后举到任意高度。向前伸展左手，向侧后打开右手，向左转头。

迎风展翅 3：右腿支撑身体重心，左脚向后擦出点地或将腿向后举到任意高度。向前伸展左手，向侧方向伸展右手，手心朝下，眼睛注视左手指向的方向。

迎风展翅 4：右腿支撑身体重心，左脚向后擦出点地或将腿向后举到任意高度。向前伸展右手，向侧后打开左手，向右转头。

（3）芭蕾基本动作组合练习

把之前所讲述的芭蕾舞中比较常用的手位、脚位以及舞姿组合到一起进行练习，可以让学生对芭蕾舞的风格与特点有更进一步的了解与掌握，并能够促进学生学习兴趣的提高，芭蕾基本动作组合练习方法如下。

①第一个八拍。

准备姿势：面向 1 点，右脚在前五位站立，手在一位。

1 拍：右手举到二位，眼看右手。

2 拍：右手打开到七位，头随着向右转，眼睛仍然看右手。

3 拍：右手下落，眼睛仍然看右手，稍微低头，同时呼气。

4 拍：右手在一位，抬头看前方。

5～8 拍：与 1～4 拍动作相同，方向相反。

②第二个八拍。

1拍:双手举到二位,眼看手。

2拍:双手继续上举到三位,抬头看前方。

3拍:双手打开到七位,眼看左手,头随着向左转。

4拍:双手下落到一位,抬头看前方。

5拍:双手举到七位,眼看左手,头稍微左转。

6拍:双手继续上举到三位,抬头看前方。

7拍:双手下落到二位,眼看手。

8拍:双手继续下落到一位,抬头目视前方,身体最后转向8点。

③第三个八拍。

1拍:面向8点,右脚向前擦出脚尖点地,手同时举到五位,头转向2点。

2拍:右腿向上举。

3拍:右腿落下,脚尖点地。

4拍:右脚收回到五位,手同时收到一位,头转向8点。

5拍:面向8点,右脚向前擦出脚尖点地,手同时举到五位,头转向左,低头看左下方。

6拍:左腿向后擦出,之后上举。

7拍:左腿落下向前,脚尖点地。

8拍:左脚收回五位,手同时收回到一位,头转向8点。

④第四个八拍。

1拍:右脚向侧擦出脚尖点地,右手同时三位,左手七位,头转向左,低头看左下方。

2拍:右腿向上举。

3拍:右腿落下,脚尖点地。

4拍:右脚收回到五位,手收回到一位,头转回1点。

5拍:左腿向侧擦出脚尖点地,左手同时三位,右手七位,头向左转,抬头看左上方。

6拍:左腿上举。

7拍:左腿落下,脚尖点地。

8 拍:左脚收回五位,手同时收回一位,头转向 1 点,最后转体面向 3 点,站立。

2.古典舞形体教学指导

(1)基本手型

兰花掌:食指至无名指挺直,虎口收紧,拇指与中指相贴。

虎口掌:虎口张开,食指至小指伸直并拢,掌的外侧发力。

半握拳:食指至小指并拢向掌心弯曲成空心拳,拇指内屈紧贴食指、中指。

实心拳:食指至小指并拢向掌心弯曲成实心拳,拇指内屈紧贴食指、中指。

单指:食指挺直,拇指与中指尖在掌心前相搭,其他二指自然弯曲。

剑指:食指与中指伸直并拢,拇指与无名指在掌心前相搭。

(2)基本手位

山膀位:手臂侧平举内旋,稍微弯曲肘部,扣腕,指尖向前。

按掌位:掌心向下按在体前,肘部弯曲。

托掌位:向上举起手臂,掌心向上托起。

提襟位:手臂内旋,手握拳置于髋前。

扬掌位:臂斜上举,掌心向上。

顺风位:一手在山膀位,另一手在托掌位。

(3)基本脚形

勾脚:并拢脚趾,脚腕在拇指的带动下用力向上勾。

绷脚:并拢脚趾,脚背绷起。

抵脚:并拢脚趾,用力绷脚并向里翻。

(4)基本脚位

正步:并拢双脚,脚尖朝前。

八字步:并拢两脚跟,分开脚尖。

丁字步:两脚成丁字形站立。

大八字步:在八字步的基础上,双脚开立,两脚间距离与肩宽相同。

踏步:一脚在前,另一脚掌踏向斜后方。

大掖步:一腿向下半蹲,另一腿掖于斜后方。

弓步:一腿在前(或侧)半弯曲,另一腿在后(或侧)完全伸直并使全脚蹬地。

(5)单手动作

撩掌:手心向下,手臂在手腕的带动下从体侧由下向上撩起。

盖掌:手心向下,弯曲手臂,从头上方向下盖至胸前。

切掌:动作与盖掌基本相同,不同之处是手心向里。

端掌:手心向上,从体侧端至胸前。

分掌:手心向下,手臂在手腕的带动下从胸前经头上方分开成扬掌或向下落下。

穿掌:动作与分掌基本相同,主要不同是不以手腕带动手臂运动,而是手指向上方时,快速翻腕成手心向上。

(6)双手动作

云手:右手掌心向下,在胸前由外向里平划半圆,手臂从伸直变为弯曲,同时,左手掌心向上,在右手下由里向外平划半圆。之后,两手交叉于胸前,右手在下,左手在上。接着,左手向左推成左山膀,右手收到胸前,此后,右手掌心向下,向右推成右山膀。

双晃手:双手掌心向下,以手带臂由下向上绕动一周,头和身体随着手臂的绕动而轻微晃动。

小五花:小五花是手掌在手腕的带动下做缩小了的云手动作。双手在胸前交叉相靠,右手在上,以腕为轴,右手向里,左手向外,转成手心相对,继续转成左手在上。连续做小五花,在做完第一个时,右手翻腕成手心向下同时左手快速地从右手内侧穿过去,手心相对,手腕仍相靠,然后做第二个。

(7)基本舞姿

端腿:伸直主力腿,动力腿膝部弯曲并向上抬起,尽量向上翻脚心,将小腿端平,两臂在山膀位。

小射燕:伸直主力腿,动力腿膝部弯曲并向后抬,上体扭向主力腿一侧,手臂在顺风旗位。

大射燕:在小射燕的基础上尽量往高抬动力腿,主力腿膝部弯曲。

掀身探海:伸直主力腿,尽力向后抬动力腿,向动力腿一侧扭转。

(8)古典舞基本动作组合练习

将之前所介绍的古典舞中比较常用的手位、脚位以及舞姿组合到一起进行练习,有利于学生对古典舞的风格与特点进行掌握,并能够对学生的学习热情进行激发。古典舞基本动作组合练习共有 4 个八拍,具体分析如下。

①第一个八拍。

1~4 拍:准备姿势:面向 2 点。右脚在前丁字步站立,双手叉在腰间,头转向 8 点左脚上步,右脚跟步,双手同时做云手动作之后拉到双山膀位。

5~8 拍:左脚向右前方上步,身体重心移到左脚上。右脚掌踏在左后方,同时左手经撩掌按在体前,然后右手经撩掌托掌于头上,向左转头,眼睛注视左下方。

②第二个八拍。

1~4 拍:右腿支撑身体重心,向前伸展左腿并以脚尖点地,左手同时经撩掌托掌于头上,右手经盖掌按在体前。

5~8 拍:换由左腿支撑身体重心,成左腿在前的屈腿支撑,右腿在后屈腿踏地,同时左手在山膀位,右手在按掌位。

③第三个八拍。

1~4 拍:在踏步位的基础上,右臂从下向侧绕动,并带动身体翻转 360°(踏步翻身)。

5~8 拍:右腿在前,膝部弯曲并支撑身体重心,左腿膝部弯曲向后抬,同时左手托掌,右手山膀(大射燕)。

④第四个八拍。

1~4 拍:左脚向左上步,右脚紧跟在斜后踏步,双手同时从左向右双晃手,停在腰前,接着左手向下推出,右手握空拳,肘部弯曲上拉。

5~8 拍:右脚向右踏一步,左脚向右掖腿,成大掖步,同时左臂经下向上掏出至托掌位,右臂至山膀位。

（四）舞步基础教学指导

1. 柔软步

（1）动作方法指导

自然站立后,左腿伸直向前下方伸出,绷直脚面,先脚尖着地,然后自然过渡到整个脚掌着地,同时由左腿支撑身体重心。两腿交替进行练习,两臂前后自然摆动。

（2）注意事项

由脚尖着地过渡到全脚掌着地的过程中,注意抬头、挺胸、收腹、立腰,先两手叉在腰间进行练习,然后再配合手臂动作进行完整练习。

（3）动作组合练习指导

准备姿态:自然站立。

①第一个八拍。

1～4拍:面向8点,左脚开始,向前走柔软步,一拍一步,同时左臂由前向后绕环一次。

5～8拍:面向2点,继续走柔软步,同时右臂由前向后绕环一次。

②第二个八拍。

1～4拍:面向8点,继续走柔软步,同时两臂经前向后绕环一次。

5～8拍:面向2点,继续走柔软步,同时两臂向侧波浪。

③第三个八拍。

1～4拍:面向8点,继续走柔软步,同时右臂侧波浪摆动一次。

5～8拍:面向2点,继续走柔软步,同时左臂侧波浪摆动一次。

④第四个八拍。

1～4拍:面向1点,继续走柔软步,同时两臂由内向外绕环一次。

5～8拍:面向1点,继续走柔软步,同时两臂向侧波浪一次。

2. 足尖步

（1）动作方法指导

准备时两脚提踵并立,两手叉在腰间。做动作时,左腿伸向前下方,同时绷直膝关节和脚面,从脚尖着地过渡到前脚掌着地,同时向前移动身体重心,两腿交替行进练习。

（2）注意事项

行进时要收腹、立腰、充分立踵,每一步的步幅要保持均匀,两手叉在腰间做足尖步练习,配合不同的手臂动作进行完整练习。

（3）动作组合练习指导

预备姿态:两脚提踵并立,两手叉在腰间。

①第一个八拍。

1~4拍:左脚开始向前做四步足尖步,同时两手叉在腰间,左肩在前,右肩在后,抬头、挺胸。

5~8拍:继续向前足尖步,两手叉腰,右肩在前,左肩在后。

②第二个八拍。

1~4拍:继续向前足尖步,左手斜上举,右手斜下举。

5~8拍:继续向前足尖步,右手斜上举,左手斜下举。

③第三个八拍。

1~4拍:继续向前足尖步,同时,左手在三位,右手在七位。

5~8拍:原地向左转体360°,同时双手在三位。

④第四个八拍。

1~4拍:继续向前足尖步,同时,右手在三位,左手在七位。

5~8拍:原地向右转体360°,同时双手在三位。

3.弹簧步

弹簧步是对腿部弹性进行展示的舞步,包括向前弹簧步、向侧弹簧步、向前屈膝弹簧步等,节奏为两拍完成一个动作。

（1）动作方法指导

①向前弹簧步。

第1拍:左脚向前迈一步,由脚尖着地柔软地过渡到全脚掌着地,同时稍弯曲膝,由左腿支撑重心,右腿膝部随之弯曲,保持自然放松。

第2拍:左腿伸直提踵,同时右脚伸向前下方,脚面绷直,稍向外旋。

第3~4拍:动作与第1~2拍动作相同,方向相反。

②向侧弹簧步。

第1拍:左脚迈向左侧一步,由脚尖着地柔软地过渡到全脚掌着地,同时稍弯曲膝,由左腿支撑重心,右腿膝部随之弯曲,膝关节外展,右脚落于左脚后,前脚掌着地。

第2拍:将身体重心移动到右腿上,同时伸直右腿并提踵,左腿随之伸向左侧下方。

第3~4拍:动作与第1~2拍动作相同,方向相反。

向后弹簧步。

动作方法同向前弹簧步,方向相反。

(2)注意事项

从脚尖着地过渡到全脚掌着地时,动作要柔和,同时腿要有控制,上体直立,立腰收腹,步幅不宜过大,先两手叉在腰间进行弹簧步练习,再配合其他手臂动作进行完整练习。

(3)动作组合练习指导

准备姿态:两脚并立。

第一个八拍:左脚开始做四次向前弹簧步。

第二个八拍:左脚开始做四次向左侧弹簧步。

第三个八拍:右脚开始做四次向右侧弹簧步。

第四个八拍:左脚开始做四次向后弹簧步。

第五个八拍:左脚开始做四次向左侧转体弹簧步,每一次转体90°。

第六个八拍:右脚开始做四次向右侧转体弹簧步,每一次转体90°。

4.变换步

变换步是一种常用的舞步,柔和、舒展、大方是这一舞步的主要特点。变换步有多种多样的动作变化形式,包括不同方向的变换步以及不同形式的变换步。

(1)动作方法指导

①向前变换步。

第1拍:前半拍左脚迈向前面一步做柔软步,后半拍,将身体重心移动到左腿上,同时右脚向左脚靠近,两臂成一位。

第2拍:左脚再向前做一个柔软步,同时将身体重心移动到左腿上,伸直右腿,脚尖后点地。

第3~4拍:与第1~2拍动作相同,方向相反。

②向侧变换步。

第1拍:前半拍左腿迈向左侧一步,后半拍,将身体重心移动到左腿上,同时右脚向左脚靠近,两臂成一位。

第2拍:左腿再迈向左侧一步,同时将身体重心移动到左腿上,伸直右腿,脚尖右侧点地,左臂从侧方向举起,右臂向前方举起。

第3~4拍:与第1~2拍动作相同,方向相反。

③向后变换步。

第1拍:前半拍右脚后退一步,后半拍,将身体重心移动到右腿上,同时左脚向右脚靠近,两臂成一位。

第2拍:右脚再后退一步,同时将身体重心移动到右腿上,伸直左腿,脚尖前点地,左臂从侧方向举起,右臂向前方举起。

④转体变换步。

第1拍:前半拍左脚向前一个柔软步,后半拍,将身体重心移动到左腿上,右脚向左脚侧靠近,两臂一位。

第2拍:左脚再向前一个柔软步,向前摆动右腿,同时身体向左转180°成右腿后举,两臂经前摆至三位。

(2)注意事项

步幅不要太大,立腰收腹,上体直立,连贯自然地移动身体重心,首先双手叉于腰间,进行下肢动作练习,再配合手臂动作进行完整练习,变换步转体,动力腿向前摆至90°时,身体在脚尖内转力量的带动下转动180°,尽量往高提主力腿的脚跟,上体保持正直,立腰。

(3)动作组合练习指导

准备姿态:两脚并立。

第一个八拍:左脚开始做四次向前变换步,两臂随之摆动。

第二个八拍:左脚开始先做向左侧变换步,再向右侧变换步,共做四次变换步,两臂随之摆动。

第三个八拍:左脚开始做四次向后变换步,两臂随之摆动。

第四个八拍:身体左转90°,面向7点方向,同时左脚开始做三次向前变换步,双手背于体后,第四次时做变换步转体,双手在三位。

第五个八拍:面向3点方向,动作同第四个八拍。

5. 华尔兹

华尔兹是常用的舞步之一,优美、流畅、轻盈是这一舞步的主要特点,在3拍、4拍的节奏中完成,这一舞步可以在不同的方向完成,同时动作形式富于变化。

(1)动作方法指导

①向前华尔兹。

第1拍:左脚向前做一次弹簧步,由左腿支撑身体重心,稍向左倾斜身体,左臂做一次小波浪。

第2~3拍:右脚开始依次向前做两次足尖步。反方向动作相同,方向相反。

②向侧华尔兹。

第1拍:左脚向左做一个侧弹簧步。

第2~3拍:右脚在左脚后点地,同时伸直右腿,左脚与右脚并拢,将脚跟提起。同时,两臂向左做一次侧波浪动作,稍向左倾斜身体,目光注视左手。反方向动作相同,方向相反。

③向后华尔兹。

第1拍:左脚迈向左后方一步,稍向左转动身体,自然地向前摆动右臂,眼睛注视前方,自然地向后方摆动左臂。

第2~3拍:右脚在左脚后点地,同时伸直右腿,左脚向后并步。同时,右臂向前波浪,左臂侧后波浪。

④华尔兹转体:以华尔兹向左转体为例。

a. 第一个三拍。

第1拍:左脚向前弹簧步。

第2拍:右脚向前足尖步,同时身体向左转动90°。

第3拍:右脚足尖步并于左脚,同时身体向右转动90°,两脚脚跟提起并立。

b. 第二个三拍。

第 1 拍:右脚后退一步,将身体重心移动到左脚上。

第 2 拍:右脚向后一个足尖步,同时向右转体 90°。

第 3 拍:左脚并步,同时向右转体 90°。

向右转体时,动作相同,方向相反。

(2)注意事项

进行不同方向的华尔兹练习时,第 1 拍步的步幅稍大,第 2~3 拍步的步幅稍小,先练习脚下动作,然后配合手臂动作进行完整练习。注意出脚及转体的方向,如左脚开始,向左转体,右脚开始则向右转体 180°,转体动作要在第 2~3 拍中完成。

(3)动作组合练习指导

预备姿势:自然站立。

①第一个八拍。

1~3 拍:左脚开始,做一次向前华尔兹,左臂随之向侧小波浪。

2~3 拍:右脚开始,做一次向前华尔兹,右臂随之向侧小波浪。

3~3 拍:同 1~3 拍。

4~3 拍:同 2~3 拍。

②第二个八拍。

1~3 拍:左脚开始,做一次向后华尔兹,右臂随之向前小波浪。

2~3 拍:右脚开始,做一次向后华尔兹,左臂随之向前小波浪。

3~3 拍:同 1~3 拍。

4~3 拍:同 2~3 拍。

③第三个八拍。

1~3 拍:左脚前进,做一次华尔兹向左转体 180°,两臂随之上举。

2~3 拍:右脚后退,做一次华尔兹向左转体 180°,两手随之背后。

3~3 拍:同 1~3 拍。

4~3 拍:同 2~3 拍。

④第四个八拍。

1~3 拍:左脚开始,做一次向左侧华尔兹,两臂随之向左侧小波浪。

2~3拍:右脚开始,做一次向右侧华尔兹,右臂随之向右侧小波浪。

3~3拍:同1~3拍。

4~3拍:同2~3拍。

⑤第五个八拍。

1~3拍:左脚后退,做一次华尔兹向右转体180°,两臂随之上举。

2~3拍:右脚前进,做一次华尔兹向右转体180°,两手随之背后。

3~3拍:同1~3拍。

4~3拍:同2~3拍。

⑥第六个八拍。

1~3拍:左脚开始,做一次向左侧华尔兹,两臂随之向左侧小波浪。

2~3拍:右脚开始,做一次向右侧华尔兹,右臂随之向右侧小波浪。

3~3拍:同1~3拍。

4~3拍:同2~3拍。

6.波尔卡

波尔卡是较为常见的舞步,欢快、活泼是其基本特点,波尔卡可以在不同的方向进行,也可以变化动作形式。

(1)动作方法指导

①向前波尔卡。

节拍前右腿小跳,将身体重心移动到右脚上,并屈膝,同时左腿膝部弯曲并伸向前下方。

1~2拍:左脚向前一个并步跳,同时将身体重心移动到左脚,两脚在一位,向左倾斜上体并稍微转动身体。

3~4拍:换腿进行。

②向侧波尔卡、向后波尔卡。

动作与向前波尔卡基本相同,但方向不同。

③点地波尔卡。

第1拍:左脚小跳一次,同时右脚前点地,将身体重心移动到左腿上,并稍微弯曲膝部,向右倾斜身体,眼睛注视右前下方。

第2拍:左脚小跳一次,同时右脚后点地,将身体重心移动到左腿上,并稍微弯曲膝部,向左倾斜身体,眼睛注视右后方。

第3~4拍:同向前波尔卡。

(2)注意事项

要干脆、轻巧地完成节拍前的小跳动作,并迅速而连贯地与并步跳连接,连接过程中同时移动身体重心,上体随着出脚的方向左右倾斜,身体随之稍微转动,先双手叉于腰间进行练习,基本掌握后,再加上手臂动作进行完整练习。

(3)动作组合练习指导

预备姿势:自然站立。

①第一个八拍。

1~2拍:左脚向前一次波尔卡,上体稍左倾,两手小七位。

3~4拍:右脚向前一次波尔卡,上体稍右倾,两手叉腰。

5~8拍:同1~4拍。

②第二个八拍。

1~2拍:左脚向左一次波尔卡,上体稍左倾,两手叉腰。

3~4拍:右脚向右一次波尔卡,上体稍右倾,两手叉腰。

5~6拍:跑跳步向左转360°。

7~8拍:左脚再向左一次波尔卡,上体稍左倾,两手叉腰。

③第三个八拍。

1~2拍:右脚向右一次波尔卡,上体稍右倾,两手叉腰。

3~4拍:左脚向左一次波尔卡,上体稍左倾,两手叉腰。

5~6拍:跑跳步向右转360°。

7~8拍:右脚再向右一次波尔卡,上体稍右倾,两手叉腰。

④第四个八拍。

1~2拍:左脚向后一次波尔卡,上体稍左倾,两手左下举。

3~4拍:右脚向后一次波尔卡,上体稍右倾,两臂叉腰。

5~8拍:同1~4拍。

⑤第五个八拍。

1~4拍:左脚做前、后点地接向前波尔卡,两臂在体侧,随之摆动。

5～8拍:右脚做前、后点地接向前波尔卡,两臂在体侧,随之摆动。

⑥第六个八拍。

1～2拍:左脚向左一次波尔卡,上体稍左倾,两手叉腰。

3～4拍:右脚向右一次波尔卡,上体稍右倾,两手叉腰。

5～6拍:同1～2拍。

7～8拍:脚右、左、右跺地三次。最后一次跺右脚同时前伸右臂斜上举。

（五）体育舞蹈常见技术错误纠正

体育舞蹈教学过程中,学生经常会出现一些技术错误,下面主要分析摩登舞与拉丁舞中常见的技术错误与纠正方法,以指导学生正确参与体育舞蹈学习。

1.摩登舞的常见技术错误与纠正方法

（1）女士胸腰打不开

原因:臀部后翘,腿和膝绷得太直。

纠正方法:从下而上解决问题,膝部稍微弯曲,胯稍微前送,手臂握持要保持松弛,将身体重心移动到脚弓。

（2）男士躯干过于后仰

原因:双肘以过大的角度向后拉伸,背部肌肉不放松。

纠正方法:肘关节侧向抬起时,背阔肌侧向延伸,先局部对上身背肌与胸肌的力量平衡加以解决。

2.探戈舞的常见错误与纠正

在探戈舞中,常常因为基本握持错误而对双人配合时力量的传递造成影响。

原因:女士左臂肘关节没有将男士右臂的肘关节裹住,男女身体右侧的接触部位不对,男士右手指尖没有接近女士的脊柱部位。

纠正方法:向学生强调探戈舞的双人引带概念,对身体中段接触、肘关节接触、男士右手前臂与女士的背部接触分别进行讲解,要求学生对简单动作的引带进行多次练习,如行进的连接步以及侧行并步等。

姿态错误:探戈舞中,常常会出现男士右肩过低,男士的左手和女士的右手握持向外向远延伸,女士左手置于男士右臂之上等问题。

原因:粗心大意,使用了华尔兹舞的架型,两人右边的身体错位不够。

纠正方法:向学生强调探戈舞的基本握持,使其对准确的动作概念进行树立,学生先做身体接触,然后做完整架型。

3.拉丁舞常见技术错误纠正

一些高校的学生在学习体育舞蹈的过程中错误地认为,只有标准舞才需要挺拔向上的身体姿态,而拉丁舞讲究放松,因此不需要过分关注基本站立姿态,只要保持放松就可以了,这就造成了其基本站立姿态的松懈。

常见错误:脖颈部位比较松弛、懒散,脊柱放松、弯曲,髋部摆动的幅度大,女士因为鞋跟过高而在行进中无法伸直膝盖,脚成内"八"字形等。

纠正方法:选用拉丁舞的专用舞鞋,在挺拔垂直的姿态下进行自由走动,保证可以完全适应高跟舞鞋之后,再在教师的指导下练习具体的拉丁舞舞步。

4.伦巴舞的常见错误与纠正

伦巴舞被称为"身体的舞蹈",娴熟的身体动作是大学生在学练伦巴舞时需要重点练习的内容。但是,一些学生将精力过分投入髋部的扭摆上,因此身体动作过度夸大。

常见的错误:腰部不能保持在身体中心线上,因而出现小腹前凸、臀部后撅的错误动作,后背两侧肩胛骨内挟,造成前胸外凸、僵硬,对身体协调舞动的画面造成了破坏。

纠正方法:对重心移动在髋部动作中的重要性加以了解,用心对身体重心在常位和下降之间的不同之处进行感受,臀部的"扭摆"要配合身体转动。对身体动作与身体纵轴之间的关联技术进行体会,从而避免前挺后撅这一错误姿态的出现。

二、高校体育舞蹈课程教学的原理

(一)刺激适应原理

激发适应性是体育教学的基本原则。它符合身体运动训练和技能发展的基本规律,体现了教学中对学生身体变化的关注和尊重。

刺激适应包括体育教学和训练对身体的影响以及身体对体育教学和训练的反应。它是一对统一的变量。

所谓刺激,就是通过一定强度的教学训练活动,使学生接受某种训练和学习,并能达到教学训练的效果。在体育舞蹈教学和训练过程中,有效的运动刺激可以改善学生身体机能的适应过程。

所谓适应,就是在一定运动强度的刺激下,使学生逐渐提高运动技能。这种适应有阶段和层次。首先,在技能学习的初始阶段,即刺激阶段,学生的身体需要接受来自各个方面的各种刺激;其次,在科学运动负荷的刺激下,人体各器官和运动系统的功能被激发,并将这种兴奋传递到身体各器官,全身进入运动状态,从而实现身体对外部运动负荷的生物反应;再次,随着体育舞蹈的不断教学和训练,学生的器官和系统不断受到刺激并对这种刺激做出反应,使学生的身体机能进入良好的工作状态,身体也适应了当前的体育刺激;最后,如果学生能坚持学习体育舞蹈知识和技能,就能在全面增加和系统重复各种外部运动刺激的基础上,产生明显的身体结构和功能的转变,提高身体运动器官的功能,提高身体机能,发展体育舞蹈的技术水平。

刺激适应原则要求教师遵循学生身体功能受刺激和身体适应刺激的变化规律,科学控制教学进度,安排技术动作学习和练习,从而提高体育舞蹈教学质量,促进学生身体素质的健康发展和运动技能的有序提高。

特别要注意的是,良好的刺激能引起身体的良性适应,有助于身体建立科学的动作技能联想,促进体育舞蹈教学的顺利开展和教学目标的实现。在体育舞蹈教学中,体育刺激应符合学生的身心承受能力。

（二）学习认知原理

认知理论是一种重要的学习理论,主要研究由经验引起的变化是如何发生的。它是现代教育教学的重要理论基础。

个体认知具有一定的规律性,具体体现在人们对事物的理解是一个从感性到理性的过程。知识或技能的学习必须经历一个从浅到深、从外到内、从简单到复杂的过程。教育教学要遵循这一客观规律。对于教学,不要盲目追求快速成功。这就是所谓的"速度越快,速度越慢"。教学应符合学生的认知过程。

在体育舞蹈课程的教学实践中,学生对体育舞蹈教材的感知、理解、体验、巩固、运用和评价有其内在规律。教师在组织学生练习技术动作时,应遵循这些规律,注重体育舞蹈知识的传授,使学生的体育舞蹈知识与体育舞蹈技术表征建立牢固的关系,循序渐进地提高学生的体育知识和舞蹈技能。

(三)科学负荷原理

动作技术教学是体育舞蹈教学的主要内容,体育舞蹈技术教学主要通过组织学生反复练习来进行。因此,体育舞蹈技术动作的练习过程就是学生身体承受不同形式和内容的运动负荷的过程。教师应注意结合教学进度、学生学习和身体状况合理安排运动负荷。这是科学的负荷原理。

具体来说,在科学安排体育负荷时应注意以下两个方面。

在体育舞蹈教学的早期阶段,为了促使学生尽快进入学习和实践的状态,应通过增加负荷逐步实现身体的适应过程。

在体育舞蹈专项训练阶段,应提高负荷强度刺激,深化学生的身体适应过程。学生体育刺激的增加应及时调整。只要提高适应水平,就可以逐步实现。这是体育舞蹈教学的基本原则。

对于学生来说,运动负荷的安排应该根据不同类型的体育舞蹈和技术动作而有所不同,应该适应舞蹈和技术的学习和实践。

(四)循序渐进原理

"循序渐进"是集教育学、体育学、心理学等学科理论知识于一体的重要教学理论。具体来说,就是教学必须与学生学习认知、刺激和适应的客观规律相结合,逐步增加难度。

在体育舞蹈教学中,要求教师逐步增加学生技术动作练习的数量和强度,最终提高学生的体育舞蹈技能。

就体育舞蹈理论知识的教学而言,大脑思维的发展和知识储备的增加是一个循序渐进的过程,不可能一蹴而就。遵循循序渐进的原则,就是在教学过程中,教师要从小到大,由浅入深地讲解体育舞蹈的特点、原理和规律,使学生逐步丰富知识储备,不断提高学习能力和理解能力。

在体育舞蹈训练方面,人体结构的变化、运动能力的提高、内脏循环功能的改善也需要经历一个渐进的发展过程,这符合人体运动形成的客观规律。运动舞蹈技术的动作学习和训练是在一定强度刺激的基础上,使身体实现一定程度的适应,然后通过这种适应的延续,身体可以经运动刺激进入下一阶段的适应。这种适应性的形成是一个非常复杂的协调过程,仅仅通过少量的训练和练习是无法实现的。学生运动技能的提高是长期训练的结果。因此,只有长期坚持训练,积累经验,经历从量变到质变的过程,才能取得良好的训练效果。

(五)超量恢复原理

过度恢复,又称"过度补偿"和"过度补偿",是关于能量和物质消耗以及运动期间和运动后休息期间的恢复过程的过度恢复理论。它是由苏联学者雅姆波斯卡娅提出的。

生理学研究表明,运动后身体消耗的能量和物质不仅会恢复到身体原来的水平,而且很可能会超过原来的水平。这种现象就是"过度复苏"。保持一段时间后,身体过度恢复的现象会消失,技能和身体素质与锻炼前基本相同。

在体育舞蹈教学中,学生学习体育舞蹈的技术动作。学生的功能恢复和过度恢复并不是同时发生的。一般来说,大脑和神经中枢的恢复最快,其次是心血管系统、肌肉和心理的恢复。不同能量物质的回收速度不同。在不同的运动负荷下,身体的恢复速度是不同的。负载越小,恢复速度越快;不同训练水平的学生恢复速度不同。训练水平越高,恢复速度越快。此外,过度恢复也在一定程度上受到疲劳、运动量和营养供应等因素的影响。

在过度恢复原则的指导下,体育舞蹈教学与训练应注意以下几点。

在一定范围内,运动量越大,人体各器官和肌肉的功能动员越充分,消耗的能量和物质越多,过度恢复越显著。

不要运动太多或太少。如果运动量超过人体正常范围,会延长恢复过程,导致过度疲劳;如果运动量过小,身体就不能得到足够的锻炼,疲劳程度小,过度恢复的效果不明显,这不利于获得良好的练习效果。

在安排重复性体育舞蹈动作技术训练时,应掌握间歇时间。如果间歇时间太短而无法从疲劳中恢复,则会加剧身体的疲劳;间歇时间过长,则只能维持原有的技能水平,不能达到增强身体机能、提高运动技能的目的。

体育舞蹈训练的科学运动负荷应根据不同学生的特点制定不同的运动负荷。一般来说,如果运动后心率达到 140~170 次/分钟,则更适合调整到心率 100~120 次/分钟。

第二节　高校体育舞蹈教学的目标类型与原则

一、高校体育舞蹈课程教学目标类型

(一)知识技能发展目标

高校体育舞蹈教学的知识技能发展目标主要是通过体育教学丰富学生的体育舞蹈理论知识,提高学生的体育舞蹈技术动作。

首先,学习体育舞蹈的理论知识是学生理解体育舞蹈和体育舞蹈的重要基础。通过体育舞蹈理论的教学,使学生熟悉和掌握体育舞蹈的基本理论知识,从而使学生对体育舞蹈有更深的理解,有效地提高他们的理论素养,为他们从历史和发展的角度看待和从事体育舞蹈打下基础。

其次,提高学生的体育舞蹈技能是体育舞蹈教学的重要目标之一。掌握体育舞蹈的基本理论知识是学生掌握体育舞蹈基本动作的基础。因此,需要在掌握基本知识的基础上学习体育舞蹈的技术动作。通过体育舞蹈教学,使学生掌握体育舞蹈的基本技术、基本技能、基本动作方法和身体素质练习方法,培养学生参与体育舞蹈活动的体育能力。

(二)体形姿态发展目标

体育舞蹈具有良好的健身价值。大学生处于青年发展的后期,身体形态仍具有较强的可塑性。因此,在体育教学中应重视大学生良好体态的塑造。

完美的体形是身体机能完美的重要体现,正确的姿势(正确优美的站立、坐姿和行走姿势)充分体现了活动中的形式美状态。身体素质和正确的姿势是体育美育的重要要求。随着体育美育在体育教学中价值的不断提高,学生的健身和正确的体态也成为体育教学的重要目标。

体育舞蹈是一项与身体和姿势发展密切相关的运动。体育舞蹈独特的体育魅力使其在改善学生身体和姿势方面发挥着重要作用。提高学生的身体形态和姿势是现代高校体育舞蹈课程教学的重要教学目标。

(三)身体素质发展目标

身体素质是运动中各个器官系统的各种功能能力。它主要包括力量、速度、耐力、灵敏、协调、柔韧性等素质。身体素质是个人参加体育活动的重要基础。培养学生的身体素质是体育教学与训练的重要目的之一。

在体育舞蹈教学中,学生身体素质的全面发展是体育舞蹈教学更基本的教学目标。身体素质在体育舞蹈训练中起着重要的作用,如力量、速度、幅度、高度和动作的协调性等,都需要以良好的身体素质为基础。这说明了培养学生身体素质的必要性和重要性。将其列为体育舞蹈教学目标并不奇怪。

(四)心理素质发展目标

体育舞蹈教学中心理素质的培养目标主要是培养学生良好的思想道德素质。体育舞蹈的前身是社会舞蹈,这就决定了它对舞者的行为、道德、艺术审美和艺术表达都有很高的要求。它是促进学生心理素质健康发展的基础。

在体育舞蹈的科学教学中,教师通过对体育舞蹈的研究,结合体育舞蹈的特点,将思想政治教育与体育舞蹈课程教学相结合,培养学生的正确道德,提高学生的思想意识,培养学生的良好品行,艺术品质和个性特征。

(五)艺术审美发展目标

正如前面所说,体育舞蹈具有重要的美育价值,美育是一个帮助学生形成科学审美观念、培养美感和提高创美能力的教育过程,对学生的个人审美能力的提升具有重要作用。

将提高学生审美能力作为体育舞蹈教学目标,具体是以体育舞蹈教学为主要途径和载体,对学生进行科学的审美观念、健康的审美情趣、较强的审美能力的培养,以提高学生的自我审美修养。

二、高校体育舞蹈教学的原则

(一)兴趣主导原则

兴趣主导就是在体育舞蹈教学中重视对学生学习和参与体育舞蹈兴趣的培养,这是体育舞蹈教学的首要原则,兴趣是最好的老师,只有学生对体育舞蹈感兴趣,才有可能学好体育舞蹈。

在高校体育舞蹈课程教学中,体育教师应最大限度地发挥学生参与体育舞蹈运动的积极性,培养他们的独立思考能力、创造能力和自我调控的能力,使学生更自觉地、主动地完成学习任务。具体来说,应注意以下几个方面。

第一,教师应广泛了解学生的体育舞蹈兴趣,并在此基础上针对个体的不同兴趣来选择和安排不同的舞种进行教学。

第二,重视学生正确体育价值观的培养。通过各种教育学、心理学的手段,进行体育舞蹈运动学练的目的性教育,逐步树立起自觉学习和参与体育舞蹈运动的态度和动机。

第三,教师应精心设计教学(特别是课的开始),善于激发学生的兴趣,引导其兴趣向正确的方向发展。在教学中能善于捕捉时机,因势利导,对学生兴趣进行积极强化。在初期训练时应以游戏和玩耍的形式开展教学,调动学生的体育舞蹈学、练的积极性。使学生对体育舞蹈运动的兴趣转化为学习动力。

采取丰富多样的教学方法,努力激发学生参与体育舞蹈课程教学训练的兴趣。注意运用各种符合不同年龄学生个性心理特征的手段,激发他们参加体育舞蹈运动训练的兴趣。

教师应做好表率作用。教师应善于说服教育,并以自己的知识、能力和表率作用,为人师表、做好榜样,潜移默化地影响学生参与体育舞蹈运动学、练。

（二）主体性原则

学生主体性原则是在体育舞蹈教学中,要始终将学生作为教学的主体,体育舞蹈课程教学模式、方法、内容等的选择都应充分考虑学生的需要和特点。

具体来说,在高校体育舞蹈课程教学实践中,遵循主体性原则应做好以下几点。

第一,尊重学生的主体地位。教师必须树立以学生为主体的体育舞蹈运动教学观念,并在高校体育舞蹈课程教学实践中科学贯彻,要充分调动学生体育舞蹈学习的积极性与主动性,使学生能主动参与到体育舞蹈学习中来,积极配合老师完成各种学习任务。

改变传统的教师的"教"与学生被动的"学"的教学理念。根据学生兴趣和需要设计、安排体育舞蹈教学。

第二,发挥教师的主导作用。教师应充分认识到自己在体育舞蹈运动教学中的主导地位,在体育舞蹈运动教学实践中,重视对学生的科学引导,使学生能少走弯路、提高学习效率。

在体育舞蹈课程教学中,学生存在着个体差异,就要求教师要承认学生的个体差异,重视学生个性的发展。必须采用科学方法发展学生个性。

第三,建立和谐师生关系。和谐的师生关系有助于促进高校体育舞蹈课程教学活动的顺利开展。建立平等的师生关系,维持良好的体育舞蹈运动学、训环境。

（三）直观性原则

体育舞蹈教学的直观原则具体体现为应在教学中充分发挥学生的感官作用,教师通过直观、生动、形象化的教学形成良好的体育舞蹈运动教学环境,建立轻松的体育舞蹈运动教学氛围,使学生视觉、听觉、触觉和肌肉本体感觉使其感知所学动作的技术,提高体育舞蹈运动的教学效率和教学效果。

在大学体育舞蹈课程的教学实践中,应按照直观性原则注意以下几点。

根据具体的体育舞蹈运动教学目标,选择合理的体育舞蹈运动教学内容、教学手段和方法。

在体育舞蹈课程教学中,为了弥补教师示范的不足和难度动作掌握的准确性,可以利用图、视频等直观的教学手段,让学生有目的地,明确地进行观察、理解和分析。

在体育舞蹈运动的教学实践中,教师应将直观的教学教具与准确的语言解说相结合,启发学生思考,使学生能够举一反三,提高学习效率。

(四)互动性原则

体育舞蹈教学的互动是多方面的,具体来说,在体育舞蹈课教学活动中,要注意教师与学生、学生与学生之间的互动,充分表现教师的"善教"与学生的"乐学"是体育舞蹈教学的互动性原则。

体育舞蹈是男性、女性合作的技术项目,需要双方在学习和实践过程中相互沟通,但在教学中,教师不仅以辅导员的角色将知识和技艺传授给学生,而要以合作伙伴的角色帮助学生完成各种难度较高的技术教育。这些都必须通过师生、学生与舞蹈合作伙伴、学生与学生之间的合作。

在体育舞蹈教学实践中,贯彻教学互动性原则需要教师做到以下几点。

第一,充分利用多种交互形式和方法。通过师生间的对话沟通、教师与学生之间的领带与跟随、伙伴之间的对话交流、伙伴间的领带与跟随等,达到理想的教学效果。

第二,加强师生的双向交流。充分调动"教"和"学"双方的积极性和能动性,活跃课堂氛围,避免学生被动接受教学任务,消极应对学习。

第三,对学生、舞伴之间的沟通与交流起到积极的促进作用。以舞蹈技艺共同提高为目标,形成融洽、和谐的教学气氛,使师生、生生的互动更方便、融洽。

(五)审美性原则

高校体育舞蹈教学的审美价值是毋庸置疑的。体育舞蹈具有姿势美、节奏美、协调美、表情美和音乐美的特点。因此,在高校体育舞蹈教学中,始终坚持审美性原则,对促进学生身体美和心理美的发展具有重要作用,能有效提高学生的审美意识和审美能力。

体育舞蹈教学遵循审美性原则。教师应注意以下几个方面。

第一,在整个教学中遵循审美原则,使学生在学习过程中始终保持对美的追求。

第二,通过体育舞蹈实践,可以充分展示体育舞蹈丰富的运动路线、优美的运动姿势、和谐的运动节奏和协调的身体配合,引导学生体验体育舞蹈的运动美、身体美、节奏美和音乐美,并将所体验的美内化。

第三,注重培养学生对体育舞蹈美的感受、欣赏和评价能力,将对体育舞蹈美的感知和评价延伸到日常生活和学习中。

第三节　高校体育舞蹈教学的方法与特点

一、高校体育舞蹈课程教学的方法

(一)语言教学法

1.讲解教学法

讲解教学法,是指教师通过语言讲解使学生了解体育舞蹈课程教学内容的教学方法。

在高校体育舞蹈课程教学实践中,讲解法主要应用于体育舞蹈技术动作的方法和要领及技术动作注意事项等的讲解。教师运用讲解法应注意以下几点。

第一,讲解要明确。教师对于体育舞蹈教学内容的讲解必须要有明确的目的,不能漫无目的地讲解,明确地告诉学生做什么(What)、怎样做(How)、向什么方向做(Where)、什么时候做(When)、做的次数(Repeat)等。

第二,讲解要正确。在进行讲解时,应注重其内容的正确性,不管是具体的体育舞蹈理论知识、运动文化还是技术动作教学,都应做到准确无误。教学内容不仅要符合学生的知识范围和结构,应在学生的接受能力范围之内;还要符合体育舞蹈各舞种风格、技术特点、音乐节奏特点等。

第三,讲解要生动。注意语速和语调的变化,调动学生认真听讲,帮助学生建立正确的动作定型。在讲解过程中,重视对技术动作的形象化描绘,可以适当加入肢体语言帮助学生理解,让学生更深刻地理解技术动作。

第四,讲解要有启发性。教师要善于运用对比、类比、提问等方式进行启发性的教学,有利于学生举一反三、触类旁通,让学生将看、听、想、练各种感官动员起来,更好地理解相关的知识,达到学以致用的目的。

第五,重视讲解内容的前后关联性。体育舞蹈各舞种虽然技术风格、动作等都不相同,但是在一些知识、技术上具有一定的关联性,教师应善于借助学生已经接触过、学过的运动技术与教学内容产生联系,促进学生更好地理解动作。

第六,讲解注意时机与效果。注意在学生注意力集中、面对教师、注意教师时进行讲解;在学生练习过程中或背对教师时尽量少讲解或不讲解。

2.口头评价法

口头评价也是一种体育舞蹈运动教学中重要的语言方法,多用于体育舞蹈运动实践课的教学,对于学生学习情况及课堂表现给予相应的口头评价,促进学生改进学习。

体育舞蹈课程教学实践中,教师常运用的口头评价可分为以下两种。

第一,积极的评价。积极的评价即对学生的正面鼓励,这能够在一定程度上激发学生的积极性,促进教学活动的更好开展。

第二,消极的评价。消极评价则是否定性的评价,这种评价往往指出学生的不足,明确其提高的方法和努力的方向,用这种方式时应注重语气和口气。

3.口令、指示法

在高校体育舞蹈课程教学实践中,需要借助多种口令和指示,如"4,3,steptouch""4,3,2,换动作""重心提高""手臂伸直"等,口令语言简短有力,能够很好地指导学生进行相应的体育舞蹈运动技术动作的学、练。注意发出的口令应在学生的动作变化之前,应有一定的"提前"。

教师在体育舞蹈练习讲解时,可用提示方法启发学生,如:学习华尔兹舞步时,可提示"一、嗒、嗒""二、嗒、嗒""侧、嗒、嗒"等。这种边数节拍边提示动作的方法,要求语言节奏稳定,能随着音乐的节奏正确、准确地提示,语气要符合音乐和动作的性质,随着音乐和动作的要求有一定的起伏和变化,以便于学生较快速地掌握成套艺术体操动作。

(二)直观教学法

1.示范法

示范法是指教师以自身的动作作为体育舞蹈技术动作教学的范例,对学生的训练进行指导的方法。

体育舞蹈教学中,经常采用的示范法主要有:正面、侧面、背面和镜面示范法。由于体育舞蹈的动作、方向、路线变化比较复杂,因此,在学习较为复杂的动作时,多采用背面示范的方法;学习简单的动作并在行进间完成时,可采用侧面示范的方法,当动作掌握后,要求做好动作配合时,可采用镜面示范法。

在高校体育舞蹈课程教学中,教师在运用示范法时,需要注意以下几个方面。

第一,示范目的要明确。体育舞蹈课程教学中的动作示范要突出体育舞蹈课程教学的重点和难点,而且对于技术基础差的学生还应注意适度。教学初期,教师要抓住体育舞蹈技术的关键动作进行示范,加深学生对技术动作表象的记忆。

第二,示范要正确。动作要力求做到准确、熟练、轻快、优美;示范要严格按照规格要求来完成动作技术,体现出不同体育舞蹈舞种的风格和特点。

第三,示范要便于学生观察。在高校体育舞蹈教学中,体育舞蹈技术动作示范应便于学生观察,否则就是无效的示范,学生就不能学习到正确的体育舞蹈技术动作。

第四,示范、讲解与启发学生思维相结合。充分发挥学生的视觉、听觉、触觉等各感官的作用,促进学生对体育舞蹈技术动作的理解,并注意通过对技术规律、特点等的讲解引导和发散学生大脑思维,更有效地促进学生对体育舞蹈技术、结构、规律、风格、特点、节奏、艺术表现等的理解。

2. 直观教具与模型演示法

直观教具与模型演示,很好理解,就是采用图表、照片和模型等直观方法进行辅助教学。

通过直观的教学工具使用,能够使学生更加易于理解相应的技术结构和动作形象。另外,对于一些战术配合,也常采用模型演示的方式进行讲解。

3. 助力与阻力教学法

助力与阻力教学法,具体是指教师在高校体育舞蹈课程教学过程中借助外力使学生正确体验的动作用力时机、用力大小、用力方向、动作时空特征等。

4. 多媒体技术法

多媒体技术主要包括电影、幻灯片、录像等。采用重放、慢放、定格等操作方法,帮助学生认识技术动作,注意播放内容要与教学目标相适应。

体育舞蹈教学实践中,注意多媒体技术教学与讲解、示范结合使用,使体育舞蹈课程教学更生动。

（三）完整与分解教学法

1. 完整教学法

完整教学法,是指在体育舞蹈技术教学中,从动作开始到结束,完整地进行教学和练习的方法。技术动作的难度不是很高,或技术动作不可进行分解时一般会采用完整法。首次进行动作示范时也多采用完整法。

在高校体育舞蹈课程教学中教师合理运用完整教学法应注意以下几点。

第一,讲解要领后直接运用。体育舞蹈运动教学过程中,教师对体育舞蹈技术动作的分解讲解后,示范整个技术动作,使学生能流畅地模仿完整技术动作。

第二,强调动作练习重点。体育舞蹈运动技、战术的实践课教学过程中,对于较为复杂的动作,教师应明确讲解、示范重点,使学生正确把握技术动作难点。

第三,降低动作练习难度。对于技术难度较大的体育舞蹈动作,应适当降低技术难度,待动作熟悉后,再要求学生按标准动作进行完整动作学练。

2. 分解教学法

分解教学法适用于复杂和高难体育舞蹈技术动作教学,具体是指在体育舞蹈运动教学实践中,教师分解完整的体育舞蹈技术动作,通过各个阶段、环节逐个教学的教学方法。

体育舞蹈课程教学实践中,对于分解教学法的合理运用应注意以下几个方面。

合理分解动作。按体育舞蹈技术动作的时间顺序、空间部位,以及时间空间的结合,对体育舞蹈运动技术进行分解,不能割裂技术环节之间的逻辑关系。

技术分解应以完整的技术概念为基础,否则就不能合理把握整个体育舞蹈技术动作。

（四）预防与纠错教学法

预防与纠正错误教学法是教师分析学生学习过程中可能出现的各种错误及其原因,预先采取有效的教学手段,及时、合理避免学生产生相关错误并及时纠正的教学方法。

预防具有一定的超前性,纠错具有鲜明的针对性,预防和纠错是相互联系、结合使用的。

（五）渐进教学法

高校体育舞蹈技术动作复杂多样,因此教师在教学中也常采用渐进教学法,使学生由易到难、由简到繁、由浅入深,循序渐进地掌握各种动作技术。

在体育舞蹈课程教学实践中,教师采用渐进教学法的具体操作方法有如下几种。

①由学习单个动作到组合动作。

②由单手动作到双手动作。

③由原地完成动作到移动完成动作。

④由较慢地完成动作到较快地完成动作。

⑤由局部动作到整体动作。

⑥由不配音乐完成动作到配音乐完成动作等。

(六)探究教学法

探究教学法是指教师在有计划地安排学生"发现"问题,经过探索,最终解决问题的教学方法。该方法有助于培养学生独立学习的能力、创造性的思维和分析、解决问题的能力。

在体育舞蹈课程教学实践中,教师可根据探究教学原理引导学生根据原有的动作要素,依据自己的能力设计新动作。

实施探究教学法,教师应重视鼓励学生,适时提出建议,引导学生归纳、完善构思,进而成功解决问题。

此外,探究教学法对教学内容结构要求较严格,在体育舞蹈课程教学实践中,教师应根据不同学习阶段和预期教学效果来运用。

(七)意念教学法

体育舞蹈课程教学不仅是教会学生动作,更重要的是要学生体会"舞蹈感觉",使学生能充分理解与把握体育舞蹈各舞种的风格、韵律、气质、风度等。学生的舞蹈感觉受舞蹈意念的支配。体育舞蹈动作不仅是单纯的舞蹈动作模仿,而是用意念指导动作,表现舞蹈魅力。

具体来说,意念教学法就是通过思维活动让学生在想象中完成动作的一种注重"心理练习"的教学方法,又称念动教学法或表象重现法。

体育舞蹈艺术性较强,它对教师有较高的要求,要求教师能启发性地将自己对舞蹈本身的理解、动作的领会、内心活动和情感需要等讲授给学生,从而将学生对动作的想象积极调动起来,提高学生学习的积极性。

在体育舞蹈课程教学中,合理应用意念教学法需要注意以下几个方面。

第一,教师应在体育舞蹈教学中充分发挥主导作用,要求学生观察并及时引导其进行意念运动表象。

第二,采用意念教学要求学生必须对动作或技术概念熟练掌握,这是意念教学的前提。

第三,日常教学中,要培养学生主动应用意念学习,培养学生"用脑学舞"的习惯。

(八)方位教学法

方位教学法,具体就是指在体育舞蹈教学中,通过识别动作过程中人体与场地相关方位,教授学生用以记忆动作的方法。

体育舞蹈课程教学实践中,方位教学法主要是针对具有一定体育舞蹈水平的学生使用的教学方法。该教学方法的运用应注意使学生明确以下几点。

第一,人体基本方位变化。人体基本方向不是一成不变的,而是随动作的变化而变化的。

第二,比赛场地固定方位线。体育舞蹈的比赛场地是由 A、B、C、D 四条方位线确定的,四条方位线确定后,是不能改变的。

第三,人体与场地相关方位。教学中,教师要让学生彻底弄清楚动作开始、动作过程和动作结束时人体与场地的相关方位,这是识记动作的主要因素。

(九)音乐教学法

音乐素有舞蹈之魂的称谓,在体育舞蹈课程教学中具有非常重要的地位。音乐教学法就是充分利用音乐功能进行体育舞蹈教学的方法。

音乐教学法可以激发学生的情绪,提高舞蹈艺术展现力,增添美的感染力。具体应注意以下两点。

注意培养学生的乐感,使学生具有一定的音乐素养,做到一听音乐便知是何种舞曲。

要求学生熟练体育舞蹈技术动作,使动作与音乐融为一体,充分展现舞姿美。

(十)电化教学法

电化教学法是一种现代化的教学方法。具体来说,教师指导学生观看录像教材,建立直观印象,或通过对比纠正学生技术错误的教学方法。

在体育舞蹈课程教学中,科学采用电化教学法应注意以下两个方面的内容。

明确观看录像目的。使学生知道看什么,怎么看,为什么看,提高学生接收信息的准确程度。

通过观看录像,找出差距,使学生明确自己的程度,激发学生积极进取的学习欲望。

二、高校体育舞蹈课程教学特点

(一)教学内容丰富

体育舞蹈教学内容丰富,包括标准舞和拉丁舞。每种舞蹈都有系统化、规范化、复杂化的技术动作和技术方法,需要学生学习和掌握。

体育舞蹈两个舞蹈系的动作标准不同,动作难度也存在一定差异。例如,标准舞的每一步都应从步序、步位、步法、方向、旋转、举重、自反动作、倾斜、节奏等方面进行标准化;拉丁舞的每一步都要从舞步顺序、节奏、节拍、步位、步法、动作运用、身体旋转等方面进行规范。在体育舞蹈教学中,学生应掌握的知识和技能内容丰富,信息量大。学生们需要仔细学习每一种舞蹈。

此外,随着体育舞蹈在世界范围内的普及和多元文化的吸收,体育舞蹈项目越来越多地融合了世界各民族各类舞蹈的特点。体育舞蹈技术的变革在一定程度上进一步丰富和创新了高校体育舞蹈教学内容。

(二)课堂教学密度大

体育舞蹈技术有着丰富的动作元素,如节奏、线条、配合方式等,每一个动作元素的变化都可以使体育舞蹈的动作变成一个新的动作和一个新的动作组合。体育舞蹈教学不仅要教给学生标准动作,还要通过动作要素的变化来提高学生的体能和技能水平。要完成这样的教学过程,课堂的密度非常大。

（三）健身效果显著

体育舞蹈的各种技术动作是体育舞蹈教学的重要内容。要求学生通过各种伸展、优美协调的动作，以及正确的身体肌肉锻炼方式和各关节的正确动作，逐一完成体育舞蹈的技术动作。

体育舞蹈教学具有显著的健身效果。长期练习体育舞蹈可以有效地刺激内脏器官，有效地增强身体各系统的功能。在完成多种体育舞蹈动作的同时，也能有效促进人体多种身体素质的发展。

在体育舞蹈教学过程中，教师和学生必须注意每个舞蹈技术动作中的身体姿势、关节屈伸、脚着地位置和力量模式，通过反复练习达到自动化阶段，提高体育舞蹈运动技能。这个过程不仅是技能学习的过程，也是身体素质发展的过程，是一个良好的健身过程。

（四）重视身体姿态培养

健康的身体对体育舞蹈从业者来说意义重大。拥有健康的身体可以使体育舞蹈从业者保持一定的技术力量和运动信心。

体育舞蹈是一门舞蹈艺术。学生可以通过练习消除不良的身体姿势，提高身体素质。体育舞蹈教学中对学生健身姿势的培养，不仅体现在形态美的塑造上，还体现在注重学生身体姿势的美化和优雅气质的培养上。

具体来说，在每一种体育舞蹈中，学生的身体线条本身就是老师评估其技术动作是否标准和优美的一部分。每种舞蹈类型对身体线条都有不同的要求。因此，体育舞蹈技术的教学与对身体线条的严格要求密切相关。要求学生充分展示自己的身体姿势和身体线条，以满足不同舞蹈类型的技术要求。因此，在体育舞蹈教学中注重培养学生良好的身体姿势是重要的教学依据。

（五）强调艺术表现

体育舞蹈中存在着美学和技术的双重标准。具体来说，它指的是美的风格和外观。体育舞蹈教学也对艺术修养和审美能力的进一步提高提出了要求，这有利于良好气质的培养。

体育舞蹈是一项具有艺术感染力的运动。其风格各异的舞蹈有助于提高个人的艺术感知和理解力。因此,在体育舞蹈教学中,既要强调学生熟练掌握技术动作,又要强调学生对体育舞蹈音乐、情感、文化、审美、服饰搭配的理解和运用。这是体育舞蹈的艺术表现内容,也是体育舞蹈课程教学的教学重点。

(六)音乐与节奏贯穿始终

音乐是体育舞蹈的灵魂,在体育舞蹈中,通过音乐节奏的快慢、强弱、轻重、缓急、流畅与顿挫来创造舞蹈意境。

音乐是体育舞蹈教学课堂的一个不可或缺的部分,在体育舞蹈的教学过程中,每个舞种音乐的基本节奏和类型都是教学的重点和难点,学习体育舞蹈技术的基础就在于正确掌握音乐的节奏和类型。对音乐与节奏把握不准,将直接影响体育舞蹈技术的准确性和体育舞蹈艺术力的表现。因此,体育舞蹈教学非常重视对学生音乐表达能力的培养。

体育舞蹈教学中,音乐与节奏的教学内容主要表现在以下几个方面:基本的音乐节奏和类型;音乐的节奏时值、旋律、结构、情绪等;音乐节奏与具体动作的结合。

音乐与节奏不仅是体育舞蹈教学内容和技术组成部分,还能够对课堂气氛、学生情绪起到重要的调节作用。在体育舞蹈教学过程中,教师对音乐的选择与应用要重视,以增强教学效果。

(七)学、思、训有机结合

体育舞蹈技术复杂,每个舞蹈系、每个舞蹈类型甚至每个技术动作的具体要求都不同,这就要求教师在教学过程中把这些技术细节详细地传授给学生,使学生能够熟练地掌握每个技术动作。

体育舞蹈技术动作的复杂性要求学生在体育教学过程中不仅要模仿动作,还要真正了解技术动作的特点、原理和规律,这就要求学生认真思考和学习。在体育舞蹈教学过程中,通过教师的指导,不仅要注意基本的技术动作,更要注意正确的技术动作训练方法。此外,我们不仅要注意动作技术是什么,还要注意这样做的原因。技术原理的分析和具体应用应体现在整个教学过程中。只有这样,学生才能举一反三地进行实践,教师才能分析和总结技术原理,使教学过程更具启发性和合理性,进一步提高学生思考问题和解决问题的能力。体育舞蹈科学教学必须把学生的"学"与"思"有机地结合起来。

掌握体育舞蹈的动作技能是必要的。在体育舞蹈教学实践中,应该有一定比例的学生训练。只有通过训练,学生才能将理论知识转化为实用技术。体育舞蹈练习应贯穿始终。在教师和学生不断自我纠错的指导下,通过科学技术理论知识指导技术训练的实践,使训练更加高效,进一步提高技术的完善程度,最终进入动作自动化阶段。因此,体育舞蹈教学过程也是一个"思维"与"训练"有机结合的过程。

总之,体育舞蹈教学过程是一个学习、思考、训练、反馈和纠正的过程。从学生的角度来看,这一过程可以有效地提高学习效率,更有利于学生自主学习能力的培养。

第五章　高校体育舞蹈教学模式构建

第一节　高校体育舞蹈教学模式构建概述

一、高校体育舞蹈教学模式原则

（一）科学性原则

构建教学模式首先要遵循的原则是科学性原则。判断事物是否符合客观事实的重要标准是科学性,科学性反映事物的客观规律和内在联系。在教学模式的构建中,科学性原则体现在两个方面:一是科学的思想指导和科学的理论。教学模式的构建应以体育舞蹈及相关学科理论知识和实践动作技能的形成规律为基本原则,结合实际情况,遵循学科发展规律,实现指导思想、培养目标、课程设置和教学方法的统一。二是以事实为依据,从实际出发,以实践性考试为标准,以客观事实为依据,构建教学模式。它既不能跨越现实条件的基础,又不能谈模式的构建,也不能把过去的传统观念和常识作为科学原则。现行和传统的教学方法和教学内容不一定是科学的,其背后可能还有未知的科学规律。因此,体育院校体育舞蹈教学模式的构建应以现有经验为基础,遵循科学原则;同时,我们要敢于批评、质疑和创新,以促进体育舞蹈技术和教学的进步。

（二）系统性原则

系统原理是指对事物的客观规律和内在联系的一个有序、连贯的理解过程。在教学模式的构建上,系统地体现在培养目标、课程与教学方法的内在关系上,使培养目标与学科设置相结合,整合课程,提高人才培养质量,培养"一专多能"复合型高学历人才;理论与专业知识相结合,提高教学效果;教学方法是结合教学实际和客观现状,根据客观实际情况制定教学方法。在教学中,要注意教学内容和教材的选择,有系统、有步骤地开展教学活动;专业课程教学应针对学生的基础水平,有针对性地调整课程内容,选择合适课程内容的难度,构建合理的教学模式。

(三)发展性原则

世界上的一切都在随着时间的推移而不断变化和发展。体育舞蹈作为一项综合多学科的体育赛事,经历了数百年的社会环境变迁和时代变迁。技术运动和学科理论一直在发展和进步。除了保留每种舞蹈的独特风格和艺术性外,它还追求更高、更快、更强的体育精神。因此,在构建高校体育舞蹈教学模式时,应密切遵循体育舞蹈技术发展的规律和趋势,学习国外优秀的舞蹈技术和先进的教学理念,更新理论课程和实践教学内容,并在教学模式建设中体现出来,为培养创新人才,提高人才的创新能力和社会竞争力奠定了基础。

(四)适应性原则

高校体育舞蹈教学模式的构建应遵循适应性原则,这体现在两个方面:第一,教学模式的构建应适应社会需求。在教学模式的构建中,社会需求因素是制定人才培养目标的重要指标。在一定程度上,高校的人才培养目标应以适应社会需求、培养具有较强实践能力的专门人才为目标,既满足学生的就业需求,又满足社会需求。第二,课程内容和教学方法要与教学对象相适应,根据学生不同的专业基础水平选择合适的教学方法和教学内容,满足学生的学习需要。教学评价应更注重学生的个体纵向评价,提高不同层次学生的专业技术水平,从而提高教学质量,达到预期的教学效果。

(五)基础性与多样性相结合

构建教学模式的基础是为高校人才培养服务,是构建教学模式的基本标准;多元化原则体现在两个方面:一是人才培养的"多元化"。人才培养目标由"应用型人才"向"复合型人才"转变。复合型人才是具有跨学科知识技能和创新意识的人才。具有一定的各方面能力,知识面广,知识转移能力强,学科水平突出,在就业竞争中具有较强的竞争力,符合人才培养目标;二是课程的"多元化",注重体育舞蹈相关学科的课程开发,如体育舞蹈竞赛组织与策划、体育舞蹈服装与产品设计、体育舞蹈训练组织运作与管理、体育舞蹈与相关学科的整合与创新等,注重培养学生的实践能力。

二、高等体育院校体育舞蹈教学模式构建

高等体育院校体育舞蹈教学模式的构建应从实际出发,结合体育院校的优势和特点,确定人才培养的总体目标和每学期学习阶段目标的安排;从体育舞蹈的特点出发,将体育舞蹈课程分为体育课程、体育舞蹈艺术课程和专项体育舞蹈课程。从高校教学模式入手,提高人才就业竞争力,增设体育舞蹈相关产业和能力培养课程;教学方法主要是对体育舞蹈专业课的教学方法进行梳理和构建,分为体育舞蹈技术课教学方法、理论课教学方法和评价体系。

(一)高等体育院校体育舞蹈培养目标

1.高等体育院校体育舞蹈教学模式总目标

教学模式总目标的构建应坚持"健康第一"的指导思想,从学校实际出发,遵循客观规律,充分发挥体育院校优势,相互学习,体现教学特色,注重学生的特点和共同发展,提高人才培养质量,满足社会发展的需要。根据教育部2002年颁布的《全国普通高等学校体育课程教学指导纲要》,体育课程教学目标分为五个方面:运动技能目标、运动参与目标、身体健康目标、心理健康目标和社会适应目标。因此,体育院校体育舞蹈教学模式的总体目标是从以下五个方面构建的。

(1)运动技能目标

①掌握体育舞蹈基本技术能力、舞蹈相关基础能力(力量、耐力、柔韧、灵敏、协调)、体育舞蹈竞技和表演能力。②初步掌握其他体育运动项目的基本技术技巧。

（2）运动参与目标

使学生全面、熟练掌握体育舞蹈技术动作原理和相关理论知识,能够从事体育舞蹈专项训练工作,掌握科学的训练方法和手段;掌握体育舞蹈专项教学能力,能够运用合理的教学方法,针对性地进行教学工作;掌握舞蹈动作编排原则和技巧,能够进行体育舞蹈竞技表演套路、体育舞蹈团体、集体舞和舞剧编排。

（3）身体健康目标

①养成良好的运动和作息习惯。②合理膳食,养成良好的饮食习惯。③发展与体能相关的身体素质(力量、耐力、柔韧、灵敏、协调共同发展),增强学生综合素质。

（4）心理健康目标

①提高学生自我调控,适应环境的能力。②培养学生健康积极的世界观、人生观、价值观。③锻炼学生坚强的意志品质,培养学生刻苦训练、追求完美、精益求精的体育舞蹈精神。

（5）社会适应目标

①培养学生的发散思维和知识迁移能力以适应社会和市场需求。②培养良好的道德品质和谦逊求知的人格。③培养学生良好的体育精神和团队合作意识,敢于承担责任,善于发现问题、解决问题。④培养"一专多能"复合型人才以满足工作中的舞蹈编排、舞蹈训练、舞蹈教学、竞赛组织管理、舞蹈相关产业的工作需求。

2.高等体育院校体育舞蹈教学模式阶段目标

高等体育院校体育舞蹈教学模式阶段目标的构建应以学生的基本情况为出发点,以总目标为发展方向,以学期为单位制定每个阶段的教学目标。

（1）第一学年(第一、二学期):舞蹈专项基础构建阶段

在这个阶段,体育舞蹈专项学生从高中、中专进入高校,对大学没有一个清晰的概念和认知,如上课方式、课程设置方面等都有很大不同,所以课程安排应循序渐进地进行,这两个学期学生通过舞蹈基础(如芭蕾舞,形体课程)、体育舞蹈基础元素和体育舞蹈基本理论知识的学习,为构建学生的竞赛能力打下坚实的基础。

(2)第二学年(第三、四学期):舞蹈竞技技术提高阶段

经过一年的大学生活,学生对高校教学的模式有了一个系统的认知,对自己的专项课程学习有了一定的目标,因此在体育舞蹈专项课程方面,根据学生的技术水平情况分设专项班进行集中化、针对化教学和训练,不断提高竞赛水平,争取优异成绩;同时对舞蹈学横向课程(如现代舞、健美操、民族民间舞等)以及相关理论进行学习,丰富知识体系,为今后的舞蹈编排和实习打下基础。

(3)第三学年(第五和第六学期):舞蹈教学能力和舞蹈编排能力的构建和提高阶段

本学年学生的基本任务已逐渐从舞蹈比赛转向舞蹈编排和舞蹈教学。分层套路的学习在第三学年开始,因为对于体育院校的学生来说,分层套路的难度相对较小,但动作的中英文名称相对复杂。因此,在前两年的竞技能力建设和提高阶段,无形中增加了学生的很多负担,而竞技能力的提高却微乎其微,通过对年级常规的研究,可以为今后的实践教学提供理论支持;舞蹈编排和戏剧表演是舞蹈教学的重要内容,也是人才培养体系中的重要环节;开设体育舞蹈相关产业内容,拓宽学生就业范围。在体育舞蹈领域,体育舞蹈专业学生可以进行系统、专业的体育舞蹈产业学习(如体育舞蹈竞赛组织与策划、体育舞蹈服装与产品设计、体育舞蹈培训组织运营与管理等),毕业后将具有较强的就业竞争力。因此,该课程应与人才培养密切相关,关注学生的兴趣和就业意向。

(4)第四学年(第七学期和第八学期):教学实践、舞剧编排和体育科研实践

本学年的主要任务是体育舞蹈练习,完成与毕业报告表演有关的舞蹈编排任务,完成毕业论文。重点是培养学生的实践能力,为进入社会和工作做准备。

(二)高等体育院校体育舞蹈课程设置

在当今素质教育理念的指导下,高校应在课程模式的构建上与之相匹配。第一,学生是课程开发的主体。课程既要注重学生的整体主体性,又要

注重学生个体的普遍性和差异性,既要促进德、智、体、艺、劳的全面发展,又要注重学生的个性发展,开设相应的个性发展课程供学生选择,实现统一性与多样性、普遍性与特殊性的共同发展,对提高人才培养质量和高校竞争力具有重要意义。第二,要坚持课程教学内容,与时俱进,不断完善教学体系,在科学与实践的基础上创新。我们不仅要创新舞蹈技术的内容,还要创新舞蹈理论和相关的教学理念,摒弃糟粕,适应社会发展的需要;第三,整合优化课程内容,删除烦琐的课程,增加选修课内容,倡导学生多角度全面发展。第四,注重实践性课程,把培养学生的社会实践能力作为人才培养目标的重点。因此,体育院校体育舞蹈课程应遵循课程发展规律,在现有资源的基础上,建立具有体育院校特色的课程模式。

（1）体育舞蹈专修课

通过体育舞蹈身体姿势、基本要素、基本动作、基本组合、规定水平套路和竞技套路的教学,逐步提高学生的专项能力。

（2）体育舞蹈艺术课程

体育舞蹈是一种身体运动与舞蹈艺术相结合的舞蹈。因此,除了学习与舞蹈艺术相关的声乐、表演和艺术概论外,学生还应在理论课程中增加舞蹈生理学、舞蹈解剖学和舞蹈心理学的内容。学生不仅要了解舞蹈动作的技术要点,还要了解动作的动作原理,只有理论联系实际才能更好地理解舞蹈实践。同时,相关舞蹈学科的实践学习对提高身体控制、协调能力、拓宽舞蹈视野也具有重要意义。

（3）体育课程

体育院校的体育课程非常优秀。每所学校都有自己的特色体育课程,不仅在理论上,而且在实践中。一大批优秀的专家、学者和教师在教学和科研方面取得了巨大成就。因此,安排体育理论与实践课程不仅可以拓宽学生的视野,提高他们的学习兴趣,而且可以为今后的教学实践提供参考,对科学研究和日常生活都能产生深远的影响。

（4）体育舞蹈相关产业课程

设置体育舞蹈相关产业内容,拓宽学生就业范围。在体育舞蹈领域,体育舞蹈专业学生毕业后可以进行系统的、专业的体育舞蹈产业学习,如体育舞蹈竞赛组织与策划、体育舞蹈服装与产品设计、体育舞蹈培训组织运营与管理等,从事体育舞蹈相关行业的人将比其他行业的人具有更强的就业竞争力。

(5)能力培养的实践课程

能力培养是高校培养学生的重要任务之一,是将理论知识转化为实践能力的重要途径。体育院校根据培养目标,设置竞赛与表演能力、教学与指导训练能力、舞蹈创作能力、管理与组织活动能力、科研能力、审美能力等课程,培养优秀的复合型人才。

(三)高等体育院校体育舞蹈教学方法

1.体育舞蹈专项技术课程教学方法模式构建的依据

(1)体育舞蹈教学的特点

首先,体育舞蹈中每一种舞蹈的动作和风格都是在世界各民族文化的渗透和积累中逐渐演变而来的。每种舞蹈都有其独特的风格和技术动作特点。这对教学方法的应用和内容的选择提出了严格的要求。我们应该根据每种舞蹈的风格特点、节奏和旋律选择合适的教学方法,以达到事半功倍的效果。其次,体育舞蹈是体育与舞蹈、艺术与体育相结合的复合学科。因此,在舞蹈教学中,不仅要注重艺术文化氛围的培养,还要根据体育和竞赛的特点,合理安排体育训练,提高教学效果。再次,音乐节奏与舞蹈动作的结合,"音乐是体育舞蹈的灵魂"。在学习体育舞蹈时,学生先要了解技术动作的音乐节拍法。之后要学会用肢体语言表达舞蹈和音乐的情感。最后,体育舞蹈是一个男女舞蹈项目,就像太极拳中的"阴阳鱼"。如果没有男性或女性舞伴,整个舞蹈是不完整的。在体育舞蹈中,无论是拉丁舞还是标准舞,男性舞伴在指导和配合方面处于领先地位,而女性则在接受男性信息后紧随其后。因此,体育舞蹈教学不仅要教授单人技术动作,还要根据双人合作动作的特点,如中间力、身体姿势等技术要领,选择合适的教学方法。

(2)动作技能形成特点

根据运动训练学的观点结合体育舞蹈技术课程教学实际情况,把体育舞蹈技术动作的形成过程分为三个阶段,教师应根据每个阶段的学生特点,针对性地选择合适的教学方法和内容进行教学。

2. 高等体育院校体育舞蹈教学方法模式构建

在实际教学中,应根据学生和教师的实际情况以及运动技能的形成特点,选择合适的教学方法进行教学和训练。例如,在运动技能形成初期的概括阶段,应采用演示法、直观法、分解法等更直观的教学方法来组织教学,使学生能够观察、模仿和练习,对运动技能有初步了解。我们还可以通过电化教学法和非标准教学法纠正基本教学法中的错误。在动作技能巩固和自动化阶段,要改变多种教学和练习方法,增加竞赛法、表演法、重复练习法、完整练习法和分解法的结合,通过视频学习跟踪技术趋势,在完善技术动作的基础上继续改进教学,提高竞赛实践水平。

3. 高等院校体育舞蹈相关理论课程教学方法

高校体育舞蹈理论课是一门以理论知识为主要体系的课程类型。与专业技术课程相比,它具有一定的理论性、概括性和抽象性。理论课程的主要目的是通过学习理论课程知识,结合相关实践内容,使学生理解舞蹈、体育、艺术、音乐等方面的基本概念,合理、科学地阐述相关概念内容,达到"知行统一"的效果,从而提高学生对专业课的认识,拓宽知识视野,激发学习兴趣,培养学生终身体育意识,为体育舞蹈艺术学科的整合与发展奠定坚实的理论基础,促进高校体育舞蹈学科的不断进步。教学方法在理论教学中的应用主要包括以下几个方面。

教学方法:教师主要通过语言交流向学生传达理论知识和抽象概念。学生主要通过理解和讨论来学习。

讨论式教学法:在对某一知识点或学科有一定了解的情况下,通过教师的组织和安排,引导学生进行有序的沟通和互动;或通过问答参与讨论,培养学生的表达能力和创新思维意识。

多媒体教学方法:通过使用现代计算机、显示屏等工具,将相关 PPT、文本、图像和视听资料直观地展示给学生。它是理论课教学中一种重要的教学手段。它能以特定的形式表达抽象的理论知识内容,加深学生对抽象知识点的印象,提高教学效果。

任务驱动法:教师根据教学内容或学习阶段的教学要求设置不同的"课堂任务"。学生可以通过"任务"的相关线索以及教师提供的知识观念和学习方法,逐步解决任务中的问题,实现相应的教学目标。任务驱动教学法可以提高课堂教学的兴趣,加深学生对知识的理解和印象。

体验式教学法(或实践教学法):在体育舞蹈的专业课中,没有一门课是简单的理论课,每一门理论课都与实践课密切相关。因此,除了简单的教学方法外,教师还可以将理论教学内容与实践教学内容相结合,让学生在实际的体育操作中体验环境和身体的变化,以提高理论教学的效果。

4.高等体育院校体育舞蹈课程评价体系构建

根据教育部 2011 年发布的《关于高等学校本科教学评估的意见》,建立了以高等学校自我评估为基础,以院系评估、专业学科评估、基本教学程序评估和正常监控评估为主要评估内容的评估体系。

体育舞蹈课程评价是根据课程教学的原则、目标和一定的评价标准,对教师课堂"教"和学生"学"与"练"的过程和结果进行定量和非定量评价的过程。教学评价是课堂教学体系的重要组成部分,也是教师选择教学内容、教学方法和构建体育舞蹈教学模式的重要参考依据。它对提高课堂教学效率、改进教学方法、促进体育舞蹈学生的全面发展具有重要作用。

(1)体育舞蹈教师课堂教学评价体系

教师课堂教学评价是一种对教师课堂教学过程进行非定量评价的方法。首先,根据学习情境分析,通过设定教学目标和选择教学内容来评价教师的教学准备;其次,从教学组织、教学问题引导、课堂互动和教学探索四个方面对教师课堂教学的实施过程进行评价;第三,根据学生的实际学习情况反映教学效果;最后,教师应将本部分课堂教学的实施过程和教学效果与预期的教学效果进行比较、总结和反思。通过这种评价方法,可以及时反馈课堂教学过程中存在的问题,修改教学策略,调整体育舞蹈教学计划,从而提高学生的学习积极性和教学质量。

(2)体育舞蹈学生课堂教学评价体系

体育舞蹈专业学生课堂教学评价体系分为课堂评价体系和期中末考试评价体系两部分。新课程标准的颁布对体育教师的课堂教学和评价提出了新的要求。体育舞蹈教师应开展多方位、多角度的评价,坚持建立以学生为本、教师为主导的教学评价体系,充分发挥学生的主体作用。定量评价和过程评价方法都是为了提高学生的学习兴趣和积极性,提高教学质量,服务于掌握真正的才能和实际学习的学生,把握学生和教师在教学中的地位,是构建体育舞蹈教学评价模型的核心环节。

学生的课堂评估主要是测试课堂目标的完成情况。它是一种过程评价方法,主要从三个方面进行非定量评价:特殊技能认知目标、学习过程目标和情感目标。特殊技能的认知目标是从完成技术动作、舞蹈感觉和表现力、掌握音乐节奏开始,评估舞蹈基本技术动作的基本概念、技术要领、舞蹈感觉和音乐控制能力;学习过程目标主要是评价动作学习过程,通过课堂探索和交流纠正学生在舞蹈学习中的错误动作,有利于学生动作技能的形成;情感目标的评价主要侧重于学习态度、创造力和合作能力的评价。通过客观评价,学生可以正确认识自己的水平,有利于课程计划的实施。

第二节　高校体育舞蹈教学与德育教育

一、体育舞蹈德育教育的现状

(一)体育舞蹈专项培养目标及课程教学大纲有明确的德育教育的目标要求

任何学科和专业的课程体系都应在国家教育政策的指导下制定。党的教育方针是教育的指南。它决定了各专业的培养目标和发展方向。培养什么样的人才是培养目标的具体体现。本书收集和比较了部分体育院校艺术专业的培养目标,具体内容如下。

武汉体育学院艺术专业的人才培养目标:该专业培养体育院校、普通高校、文化(艺术)博物馆、社团等从事体育舞蹈的综合素质和文化修养较高的高级专业人才。

北京体育大学艺术专业人才培养目标：培养德、智、体、美全面发展、马克思主义理论基础比较扎实、熟悉表演理论和体育理论、精通当代体育表演知识和技能的专业人才，能够从事体育表演的设计、组织和形象塑造，以及体育表演艺术的编辑和指导。就业方向为国际国内体育表演组织、健身产业、专业表演团体和教育机构。

综观这两所学校，我们可以看到德、智、体、美全面发展的培养目标是一致的。体现在体育舞蹈课程目标中，不仅要使学生掌握良好的技能和技能，还要培养他们具有良好的舞蹈素养。体育舞蹈的理论和发展历史，体育舞蹈的表现力和创造性，应该与其他人文学科的知识相结合。在尊重中国具体国情的基础上，形成一定的创造能力，继承和体现中国优秀的文化传统。这也表明，高校体育舞蹈艺术专业的学生不仅要学习舞蹈技术的技能，还要了解在未来的基础教育岗位上教给学生什么以及如何教他们跳舞。因此，在专业培养目标上，应重视教师职业道德的培养，建立教育学、心理学等教育基本原理的学习。

（二）专业课程教学中德育教育效果略显成效

在"你认为学校的道德教育对你有效吗"的调查中，19.3%的学生选择"非常有效"，29%选择"相对有效"，50%选择"不是非常有效"，只有1.7%选择"没有效果"。当然，德育的有效性不能简单地由学生自身的感受来决定。在这里，我们主要试图通过学生自身的价值判断和感受来反映学生对德育的重视和学校德育的效果。在某些情况下，学校和老师做了相关的工作，但学生们没有感觉到，因此受到了影响。通过问卷调查，发现学校德育工作总体上是有效的，但也应注意的是，调查结果显示，约一半的学生认为德育工作无效，53.8%的学生认为"专业课程教学和专业教师"对他们的思想影响最大。目前，高校根据学生专业分工和专业培养的特点，使专业课程教学和专业教师在学生心中占据绝对重要的地位，对学生的影响最大。这应该引起我们的高度重视。这也表明，在专业课教学中进行有意识的道德教育，可以使学生形成正确的世界观、人生观和价值观，对培养优秀的思想素质具有重要意义。

　　大多数体育舞蹈专业的学生也是未来从事体育舞蹈教学的教育者。教学中的德育意识和德育能力在一定程度上反映了德育的效果。这不仅是对专业教师的要求,也是对学生的要求。因此,学生问卷和教师访谈中也提出了同样的问题。问题和反馈如下:老师说什么和做什么对学生有影响?37.1%完全同意,29%基本同意,24.1%不完全同意,9.8%不同意。

　　根据调查结果,绝大多数学生基本或完全同意教师在教学中负有"育人"的责任;在教师访谈中,全体教师也充分意识到专业课程教学中存在着丰富的德育因素,教师的言行对学生产生了影响,但在具体实施德育能力方面仍存在诸多不足。在这方面,我们设立了两个多重主题。

　　在"你认为以下哪些选项属于德育内容(多选)"的调查中,A.让学生了解相关法律法规;B.使学生形成正确的价值观和人生观;C.培养学生的心理适应能力;D.培养学生的爱国主义精神;E.培养学生的审美观和艺术修养;F.引导学生学会做人。48.4%的人选择全部,40.3%的人选择三个以上,11.3%的人只选择一个或两个。在教师之间的交流中,大多数教师基本了解德育的内容。根据本文对道德教育的定义,以上所有内容都属于道德教育的范畴,但学生并没有完全掌握。

　　关于德育教学方法,在调查"教学中德育教育的方法下列哪些是你比较了解的(多选)",A.激励法;B.熏陶法;C.诱导启发法;D.情感教育法;E.成功教育法;F.都不了解。对于这个问题学生没有选F的,选三个以上的占51.6%,选两个以上的占35.5%,只选一个的12.9%。访谈中一半以上的老师提到自己在教学中运用三个以上的德育方法。

　　可以看出,大多数教师和学生对德育的具体内容和方法已经有了基本的了解,但一些教师和学生仍然认识不足。在谈到德育在专业课教学中的具体实施时,一些教师提到,"备课时根据教学大纲设定德育目标有时只是一种形式,在实践中穿插德育要求,很容易造成专业知识教学的松散和不连贯"。这不仅反映了教师对德育的认识误区,也从另一个侧面反映了对这种主观认识的误解,客观实践中缺乏可行的操作路径,专业课教师素质的缺乏,导致他们对专业课教学中的德育因素分析不足,德育的主动意识和能力不强。这是专业课教学中思想政治教育不能很好开展的一个重要原因。

二、体育舞蹈的专业课程教学中德育教育存在不足的原因分析

(一)体育舞蹈教学的功利化倾向使得专业课程教学中德育被忽略

教育的本质是实现人的全面发展,但在功利主义和世俗化的社会氛围中,教育越来越急功近利,逐渐背离了其初衷,知识教学逐渐成为课堂教学的唯一目的。当人们谈论教育时,只关心教育的经济功能。教育利益的功利主义逐渐模糊了教育的本义,忽视了教育对提高人的精神价值的重要性,忽视了教育与社会道德建设的关系。

(二)学校保障机制不到位及教学中教师德育教育主动意识不强

每门课程的设置和教学都有特定的德育目标和要求,但在不同层次上是不同的。然而,在整个高校的教学保障机制中,无论是物质激励机制、精神激励机制还是制度保障,都没有具体落实和实现教学德育目标的保障机制。

专业课程教学中德育目标的实施和实现情况并不理想。原因如下。

第一,从制度上看,目前我国高校也实行党政分开管理。在德育方面,党委要带头,团委和班主任辅导员是主要力量。在教学质量和教学效果评估中,党委一般不直接参与,而是由教育行政部门和教学研究部门分管。因此,完成教学任务、实现教学目标是学校教学管理的范围,似乎德育教学的目标一直被困在教学管理和教师考核之外,不属于党委的管理范围。因此,在德育目标的实现中存在着"两张皮"现象,客观上使德育教学目标处于边缘。此外,教师们并不忙于评估自己在德育方面的专业成就,这与他们在教学和研究方面取得的专业成就无关。

第二,在激励机制方面,没有物质或精神上的奖惩措施。例如,一些专业教师根据专业特点,在教学中对学生进行思想道德教育,取得了良好的效果,甚至成为模范,起到了示范作用。学校或学院没有任何奖励或肯定,而一些专业教师没有树立榜样,或者一些学生因为教师教育而不到位,这导致学生形成错误的人生观和价值观,做出偏离社会道德要求甚至违法违纪的行为,而教师则没有受到惩罚。这将严重挫伤专业教师参与学校德育的积

极性。主观上也导致了专业教师在德育工作中的主动性不强。

（三）艺术类学生自身的特点增加了专业课教学中德育教育的难度

当代大学的主流思想是积极进取的。大多数学生的行为选择和道德发展符合社会主义核心价值体系的要求。除了普通大学生在思想和认知上的群体特征外，艺术类学生由于自身的"艺术"特征，可能比其他专业的学生更容易被宣传。艺术类学生的一些特点及其专业的教学方法增加了在专业课教学中实施德育的难度。

首先，他们创新意识强，个性鲜明，自我关注，社会理想信念薄弱。艺术专业学生热衷于自我设计、自我发展和"艺术换艺术"，对事物的理解往往是感性的，这导致一些学生缺乏集体观念，使他们的世界观、人生观和价值观容易偏离正常轨道。

其次，艺术类大学生存在学习纪律松弛、生活方式懒惰、法纪观念淡薄等现象。由于艺术类学生在高考前花大量时间在专业课上，学生往往以专业课为借口不来教室参加正常的文化课，教师对艺术类学生的纪律管理相对宽松，使他们形成了学习纪律薄弱的习惯。大学体育舞蹈专业学习通常在相对自由的舞蹈教室进行。这种教学方式似乎是"分散的"。再加上缺乏自律，一些艺术类大学生崇尚绝对自由，这也增加了道德教育和纪律规范的难度。

最后，大多数艺术类大学生具有较强的社会交际能力和实践能力，但也容易受到社会影响。由于大量的专业学习时间，许多艺术专业的学生都在国外参加培训，许多学生在高中就开始独立生活。他们甚至在全国各地参加各种职业比赛。他们与社会接触较早，具有较强的社会交际能力和实践能力。进入大学后，艺术教学的特点也为学生提供了更多参与社会实践的机会，这是教学和学生自身才能的需要。同时也不可避免地受到物质利益等不利社会因素的影响，过度追求个人利益和个人价值观。

三、体育舞蹈教学中实施德育教育总体要求

(一)尊重学生个体性原则,因材施教加强体育舞蹈德育教育针对性

尊重学生个性原则是指尊重学生在教育过程中的差异,以增强德育的针对性。德育成功的关键在于激发德育对象的能动性,即大学生的积极参与性或主观能动性。道德教育的实践充分证明,教育者应该努力使学生的道德学习和道德发展成为一个积极参与的过程,而不是一个简单地被外力压制的、被动接受的过程,从而使道德教育取得实质性的成效。然而,在高校德育过程中,忽视对学生深层思想情感的培养,使德育成为道德认知的强制性灌输和道德行为的刚性要求。这种形式主义和简化德育的后果很难引起学生的共鸣,德育认知也无法内化到学生的头脑中。从长远来看,德育的生命力将日益萎缩,这将严重影响德育的效果。

因此,实施德育应坚持个性原则,从实际出发,针对不同学生的不同特点,包括生理、心理和社会特点,以及个体需求的差异进行教育。心理人格不能简单地说是好是坏。只能说,某些心理人格会影响个体的健康成长。因此,在德育中,教师应尊重个体差异,尽可能消除不良人格对个体成长的影响。由于学生的身心发展差异很大,存在先天遗传因素和后天环境的影响。个人的兴趣、爱好、个性、气质、能力和经验或多或少是不同的。这正是道德教育的本质要求。社会有分工,各行各业都需要不同层次的人才,同龄人也需要有个性和专长的人才;社会主义现代化建设需要具有独立思想、独立意识和创新意识的人才。专业课教学中的德育正是基于此,才能卓有成效。

(二)强化体育舞蹈教师育人观念,充分发挥体育舞蹈教师角色职能

"概念"是人们的一种意识形态,是人们在从事某种社会活动时所持有的心理意识。在我国体育舞蹈教师的传统教学观念中,体育舞蹈教师的任务是利用身体运动的形式对学生施加影响,以提高学生的专业技能。这是一个简单的"生物观"教育概念。教学改革要求体育舞蹈教师转变观念,在体育舞蹈教育教学过程中增加心理适应和社会适应维度。这一理念不仅强

调学生专业技能的提高,还强调学生的心理健康和社会适应能力。因此,在当今教育改革的大潮中,体育舞蹈教师应改变过去的教育观念,与时俱进,跟上教育改革的步伐,加强对学生德育的重视。在体育舞蹈教学过程中,德育将渗透到体育舞蹈教育的全过程,以良好的"五育"培养新时期的人才。

在新时期,要更新体育舞蹈教师的教育观念,充分发挥体育舞蹈教师在体育舞蹈教学过程中的作用,高校应注意以下两个方面:一是体育舞蹈教师的素质,学校及其主管部门应通过学习德育培训课程和讲座的理论知识,提高体育舞蹈教师对德育的认识,更新体育舞蹈教师的德育观念,树立教师对体育舞蹈教学中德育重要性的认识,明确自身的德育任务。二是学校教育管理机构要把每年开展德育活动列入固定教学计划,定期召开德育教学交流会和公开课,注重教师共同学习德育理论和德育新方法、新理念,并将德育发展作为教师绩效评价的重要指标之一,使全体教师都能牢固树立德育观念,创新德育,把德育落实到课堂中。

第六章　高校体育舞蹈教学模式的创新与应用

第一节　虚拟现实技术在高校体育舞蹈教学中的应用

　　虚拟现实技术(Virtual Reality Technology,简称"VR"),是仿真技术的一个重要方向,是仿真技术与计算机图形学人机接口技术多媒体技术传感技术网络技术等多种技术的集合,是一门富有挑战性的交叉技术前沿学科和研究领域。它结合了多种技术:计算机技术、多媒体技术、图像处理技术、仿真技术等,从而形成一种涉及仿真和计算机领域的新技术。虚拟现实技术(VR)主要包括模拟环境、感知、自然技能和传感设备等方面:

　　模拟环境是由计算机生成的、实时动态的三维立体逼真图像。感知是指理想的 VR 应该具有一切人所具有的感知。除计算机图形技术所生成的视觉感知外,还有听觉、触觉、力觉、运动等感知,甚至还包括嗅觉和味觉等,也称为多感知。自然技能是指人的头部转动,眼睛、手势或其他人体行为动作,由计算机来处理与参与者的动作相适应的数据,并对用户的输入作出实时响应,并分别反馈到用户的五官。传感设备是指三维交互设备。虚拟现实技术主要由虚物实化、实物虚化、计算机处理高性能技术三个方面组成。其中,实物虚化指的就是通过现实世界来映射出一个多维的信息化空间。

一、虚拟现实技术在体育舞蹈教学中的前景

　　基于前文所叙体育舞蹈教学中的困境,越发凸显了虚拟现实技术在体育舞蹈教学中的必要性和紧迫性。

①规避运动伤害。在一些激烈的、对抗性强的运动项目中，运动员往往很容易受到伤害甚至导致残疾。有些伤害是无法避免的，但绝大多数伤害是发生在运动员还没有熟悉动作之前的尝试中，利用虚拟现实技术来学习动作可以规避这一阶段的运动伤害。如果利用虚拟现实技术进行练习，学生可以放心大胆地和虚拟对手进行搏斗，完全不需要考虑这些问题。在虚拟系统中练习，系统不会对人造成任何伤害，同时还能对学生的动作指出不足，提出建议、综合打分，提高训练效果。

②突破时空限制。每一个运动员都渴望得到世界级教练的培训，每一个世界级教练也渴望将自己的训练理念推广到世界的每一个角落，但由于时空限制无法实现，有了虚拟现实技术，这一切都不会是梦想。

③虚拟化教学。虚拟现实技术在体育舞蹈教学领域中的应用，将引起一场大的革命，它将使体育舞蹈从单一型走向综合型，从经验型走向高科技综合训练，从单调型走向娱乐普及型，也进一步表明虚拟现实技术在未来的体育舞蹈教学中是必不可少的。

二、体育系统仿真概述

虚拟现实技术所具有的低成本、高仿真的特点决定了它在运动仿真领域具有广阔的应用前景。虚拟现实技术不仅可以为体育舞蹈从业者和运动员提供新的、有效的训练手段，还可以拓展系统仿真的应用范围，从而推动虚拟现实技术的发展。所谓基于虚拟现实的运动仿真，就是利用虚拟现实技术模拟运动训练过程，使教师和学生能够在虚拟环境中进行训练。与其他仿真技术相比，利用虚拟现实技术进行运动仿真的优势非常明显。它可以提高用户与运动仿真系统之间的交互水平，显著提高运动训练的效果。将虚拟现实技术应用于运动训练中，不仅可以降低训练成本，不减少训练量，而且可以显著提高运动员的训练水平和竞技水平，极大地促进体育全民健身运动的发展。虚拟现实技术将在现代运动训练的研究和应用中发挥越来越重要的作用。在现代竞技体育高度发展的今天，计算机技术越来越受到体育工作者的重视。运动员的"科学"训练已在各大体育项目（如奥运会、世锦赛、全运会等)得到验证和发展,形成了一整套系统完整的训练体系。然而,目前虚拟现实的软硬件技术条件仍有很多限制。基于虚拟现实的各种特殊交互设备非常昂贵。现有的交互方式不够人性化,操作复杂,系统的实时性和准确性不高。这些制约因素极大地限制了虚拟现实技术在运动训练实践领域的推广应用。随着虚拟现实软硬件技术的不断进步,在不久的将来,人们可以期待更多的创新和应用。

体育仿真系统及其功能要求:体育仿真系统是面向实践的技术科学,实践是检验系统的唯一标杆。体育仿真系统通过计算机仿真技术再现体育教师的训练意图、教学经验、学员培训过程和管理者的组织方案,从而达到对体育系统的解释、预测、分析、评价、组织实验技术科学。长期以来,计算机科学家一直在远离体育实际开发体育模拟系统,因为这样的系统要么基于结构,要么基于数据,就像 C++ 语言中的面向对象和指向过程一样,计算机只能处理离散化的数据;这两种系统的发展受到了很大的制约。

近年来,在真正进入运动员实验场,了解运动员的运动过程和评价过程后,计算机科学家转变思路,将更多运动员的人体力学和运动力学作为研究重点,在开发体育仿真系统的过程中也不再一味地进行过程和数据,而是利用先进的动画仿真技术再现真实的人体运动,进而反复对比教练员的运动视频。找到差距,给出建议。

(一)基于 VR 的体育训练仿真系统

虚拟现实技术在体育中的应用已吸引了众多国内外学者分别在竞技体育领域和大众健身领域进行研究,取得了显著成果。虚拟现实技术(VR)为体育工作者提供了一种完全不同于传统方法的训练教学方法,将教练员从沉重的体力劳动中解放出来,将学员从室外运动场中解放出来,只要有一台电脑,就能经常地、随时地进行学习。虚拟现实技术的特点决定了它在体育仿真中具有广阔的应用前景。

(二)系统功能要求

基于 VR 的体育仿真系统应该能够对运动员的动作做出解析,且具有如下功能要求。

1.根据用户需求构建相应的虚拟人体模型和三维场景

该系统本身自带了一个虚拟的人物模型库,技术人员或是用户管理员可以根据用户的要求选择不同类型的人体模型;同时根据用户的实际训练场景为其搭建一个虚拟的场景,包括运动参照物等。

2.实时捕获运动数据

一般来说该功能是通过两台摄像机和一台计算机实现的,摄像机在同步拍摄的过程中获得人体运动的视频文件,利用现有的计算机技术从视频文件中提取出关键帧图像,再利用人工智能、模式匹配和计算机图形学的方法,提取出运动人体,得到最终的各个关节点的二维信息以及运动物体轮廓,最后根据两张同时刻人体二维信息,计算人体三维运动数据并生成计算机动画。

3.重现动作

该功能是将我们得到的人体三维运动数据重新定位到虚拟人(动画)身上,并将虚拟人按一定的帧率播放,在三维场景中经过渲染后形成动画,学员的动作被计算机记录并被高质量的仿真重现,学员可以多角度、全方位观看自己的动作并改进。其中"动作重现"是仿真系统的核心要求,教练员也可以对一些尚在进行研究的技术动作进行模拟,还可以通过此方式多角度地观察学员的技术动作,以便给学员一个形象直观地指导。

4.获取运动参数

根据教练员与学员的、运动项目的不同要求,该系统可以反馈各种与运动员、运动的相关参数,如心率、血压等内容,这样不仅可以客观地控制运动风险,还可以方便、客观地将学员的各项指标量化。

5.实时形象的显示训练效果

将所有能够表现运动员成绩的数据实时地、形象地以图表的方式呈现出来,这样极大方便教练员将该运动员的运动成绩做横向和纵向的比较,及时了解他在训练过程中、训练结束后成绩是否有积极的变化。

6.精化数据

由于误差及不可控因素普遍存在,我们只能得到粗糙数据,这就对系统提出了对粗糙数据进行精化的要求,如对数据进行平滑、删减。完成精化后我们就可以对技术动作进行改进并创作新动作,如将几个技术动作进行串联等。

7.合成视频的同步对比

在利用三维人体运动数据合成虚拟人动画后,该动画应该能够具有普通视频所具有的大部分功能,如视频的存储、快放、慢放、定格等。同时系统还应该能够将虚拟人动画与摄像机拍摄的视频同屏显示播放,以期对运动员的运动做出直观的比较。

(三)系统关键技术

1.虚拟人动画技术

虚拟人类动画技术在当今体育训练中起着极其重要的作用。传统的训练方式往往是教练用肉眼观察运动员做各种技术动作,然后根据自己的经验和印象对运动员的动作进行评价、指导。这种方式对教练的要求很高,首先是教练的注意力必须长时间集中,其次是教练的经验是否丰富。在实际教学过程中这两点不能很好地保证,许多训练发生在室外,天气、噪音等各种因素极大地干扰教练的注意力;教练员的经验也经常存在各种各样的偏差,对技术动作的理解和对观察到的动作的回忆也不够准确,这直接导致运动员常常得不到正确的指导。引入视频技术后,教练员的工作量大大减轻,教练可以根据自己的记忆和录像指导球员的技术动作,但在使用这种方法的过程中,教练和球员只能从某个角度观察球员的技术动作,由于所有其他视点都是盲的,所以不能全角度恢复运动员的技术动作。这在世界杯比赛中表现得尤为明显,同样动作中3~5个摄像头多以不同的角度展示,但配备这么多的摄像头在平时的训练中是很困难的。运动分析系统中的虚拟人动画技术将从摄像机拍摄的视频中提取的三维运动数据重新定位在我们建立的三维虚拟人模型上,三维虚拟人用计算机模拟运动员的技术动作,让教练员和运动员能够在三维空间实时、可重复、多角度地观察运动员的技术动作,教练在反复观察虚拟人的动画后就能正确指导运动员的技术动作。

2.编辑技术动作

在排练集体舞蹈或是纠正单个运动员技术动作时,传统方法的工作量极大,教练员虽然只需要对某个单一时刻的动作进行修改,但该动作涉及的所有关节点都要逐一修改。传统方法的另一个问题是其对关节点的调整是孤立的,忽视了该动作与前后时刻的动作三者之间的本质联系,调整后的若干动作既不连贯也缺少相关性,调整后的结果常常违背人体力学原理,无法实现。运动编辑技术就能存储这些不同的运动片段并将它们重新利用。

3.声舞的协调

随着计算机技术在音频解析领域运用的日渐成熟,以音乐驱动模式来实现体育舞蹈在音频、视频同步的系统需求越来越迫切,声舞协调技术被提到数字化艺术设计领域的议程上来,为音乐驱动的动作编辑技术注入了全新的概念和素材。音频、视频的融合不仅为音乐驱动动作编辑的理念提供了极具操作性和艺术性的平台,同时也是运用虚拟现实技术实现对体育舞蹈的数字化重现中的一项重要子课题。

(四)系统研究开发现状

在运动训练仿真中,VR 的成功案例很多,可参见文献,本书主要介绍虚拟现实技术在数字奥运中的成功应用。2008 年奥运会成功地将虚拟现实应用到除比赛之外的许多领域,如观众可以在网上虚拟场馆中为运动员加油,甚至可以在虚拟世界中玩一把奥运项目。虚拟现实技术还将以前需要大量人力、物力、财力的社会征求意见工作实时、立体地呈现在市民面前,大家可以在网上对项目、建筑等提出自己的意见。虚拟现实技术还将大家以前要去北京排队才能看到的场馆、博物馆、体验馆等在网上三维实现,足不出户就可以随意地漫游参观。下面介绍一下这方面应用的成功案例。

1.团体操虚拟编排和演练原型系统

团体操是一种艺术高雅、舞姿优美的团队项目,一般由几十人、几百人以至上万人组成,设计排练团体操是一件非常烦琐、耗时的工作。引入虚拟现实技术可以提高效率,改进编排质量。

蹦床运动项目技巧性很高,对动作的编排也要求苛刻。利用数字媒体技术不光可以设计出优美的动作,还可以系统全面地考察动作的连贯性、力学合理性以及安全性,降低运动员在初始阶段摸索的时间和危险。实际上如果对这套系统进行深层次的挖掘和设计,可以让每一个动作精确到角度和时间点。

2. 虚拟网络马拉松

这套系统不光可以成为一套健身运动系统、还可以作为一套娱乐系统。用户设定自己喜欢的场景,跑步的过程中还可以记录自己跑到什么地方、多远距离。进一步的设计可以紧密地联系用户本人的身体状况,如心跳、脉搏等,系统实时地反馈鼓励或警告信息;或是设计出比赛模式,两个人的系统通过网络相连,来一场马拉松。

(五)体育舞蹈动作编排辅助系统架构

1. 肢体技术动作合成技术现状

如何在电影、动画、游戏中逼真地表现肢体动作直接关系到最终产品的品质,因此动作合成技术在现代动漫影视行业受到了越来越多的重视。传统方法对从业者的个人素质有非常高的要求,工作量很大。为了方便、迅速地合成逼真的肢体动作,科研工作者提出了很多新的方法,极大地减轻了相关人员的工作量,提升了产品的品质。

肢体技术动作合成技术总体来说可以分为三类。

①人工方法。这种方法主要依靠人工来操作二进制代码完成,费时费力且精度不高,最终的合成效果也不佳。

②基于器件的方法。该方法在数据采集和整理上比第一种方法省时不少,但其只适用于少数的专家,尤其要对相关硬件特别了解才可以,所以该方法很难得到推广。

③以数据加虚拟人合成动作的方法。该方法全面地将计算机技术和人结合起来,效率和效果比前两种方法都进步很多。

2. 体育舞蹈动作编排辅助系统

辅助系统自上而下分为用户层、工具层和数据层。舞蹈设计师在为每首乐曲设计动作时,应首先根据乐曲的音乐类型,在关键时间点指定"难度动作",然后根据舞蹈设计师指定的"难度动作",使用工具集层的"动作检索"模块,在数据层的"连接动作库"中选择能够顺利连接"难度动作"的"连接动作"。使用工具集成的"运动路径编辑"模块,舞蹈设计师可以进一步为设计的运动指定新的运动路径。在这一阶段,主要考虑虚拟人之间的碰撞检测和路径避免,以便重新编辑路径。完成上述相关工作后,舞蹈设计师可以预览设计的动作,以便进一步修改。在完成每个片段对应的动作设计后,舞蹈设计师可以保存该动作,然后设计下一个片段对应的动作或退出系统。为了保证设计的多段运动之间的平稳过渡,系统将自动合成与相邻段相对应的运动段之间的过渡运动。这些指定的"连接动作"作为"候选连接动作"反馈给舞蹈设计师,舞蹈设计师从"候选连接动作"中选择要添加的连接动作。然后使用工具层的"运动连接"连接动作片段。此时,整个运动似乎会非常艰难。这时就要使用"运动混合"平滑运动。最后,使用"仪器运动合成"添加仪器。三个模块的联合顺序使用可以获得满足舞蹈设计师要求的平滑连续运动片段。

3.关键模块设计

(1)音乐分段与特征识别

文中出现的音乐均为多音轨音乐的 MIDI 格式文件,在对每段音乐做完相应的预处理后分别对其实现主旋律提取、乐段分割、乐段情感类型识别和节拍跟踪。

(2)主旋律提取

根据文献的统计结果可知,主、伴奏音轨在音程上存在很大差异,本书采用改进的 BP 神经网络设计分类器以定位音轨,其中分类器的输入是 9 个音程差异较大的值 0,1,3,4,5,6,8,10,12,网络输出在区间内,网络结构是 9-6-1,0 为分界,若输出为负数表明该音轨为伴奏音轨,否则为主音轨。

(3)乐段分割

一段乐曲可以简单地根据声音或是背景音乐的停顿将其分成若干段。

(4)乐段的情感类型识别

音乐情感的自动识别是计算机技术在音乐学领域的重要应用,也是现在的一个研究热点。首先从乐段中提取 11 个音乐基本特征(音高稳定性、音区、力度、速度、节拍时值、节拍号、音程稳定性、音程跨度、音符密度、旋律方向、力度方向),然后基于统计意义的对音乐特征空间进行形式化描述,降维为 8 个形式化量化特征,根据动态变异算子的改进基因表达式编程方法,通过 8 个单出的函数即可获得音乐情感类型。

4. 运动数据库设计

使用运动传感设备,运动员可以获得准确的全角度运动,但这些运动只是特定人以特定方式执行的特定运动。强烈的个人色彩使得计算机工作者很难修改和重用运动数据。因此,在设计运动数据库时,本书为数据库中的运动添加了额外的关联信息,主要包括运动间约束、运动间关系和运动分类。

5. 运动检索

运动检索分为离线和实时两部分。在建立运动数据库之后,舞蹈设计师可以从大量真实运动片段中建立运动数据库的有向图离线部分。离线部分主要从真实动作数据库中检索"困难动作",并计算它们出现和结束的时间点,然后舞蹈设计师主观判断"困难动作"前后可以连接的动作片段,也称为"连接动作"。实时检索部分只需根据建立的动作图上点与线的连接关系,进行深度或广度搜索。实时部分用于根据舞蹈设计师选择的"困难动作",从已建立的有向图中选择一系列顶点和边,并将这些校准的困难动作和连接动作添加到有向图结构中。只有在定义了运动帧之间的相似性之后,才能从"原始运动片段"中自动定位"难度动作"。

6. 运动合成

舞蹈设计者做好以上工作后,根据指定图上的顶点和边进而确定"难度动作""连接动作",将顶点和边依次连接起来形成的路径中涉及的所有运动片断连接起来,即为满足舞蹈设计者要求的最终运动。

7. 运动编辑

运动编辑技术种类繁多,涉及的领域宽泛。我们一般使用的运动编辑操作有运动路径编辑(Motion Path Editing)、运动混合(Motion Blending)和运动编辑约束(Motion Editing with Constraints)。运动混合技术可以将多个运动片段连接到成一个新的运动片段。

鉴于体育舞蹈项目中运动员动作的多样性、人体运动的敏感性和高难度等因素,对于具体的项目课题中要完成一套动作编排辅助系统还有很多实际困难,如"音乐的选择如何才有个性",如对绳、带等非刚体器械的运动如何逼真地模拟,如器械动作与身体动作结合紧密时,如何结构化地对两者进行存储、检索和同步,从运动节奏中检索相应的音乐等。

(六)虚拟人动画技术

传统的虚拟人动画有三种方法:手工逐点标注法,该方法的工作量比较大、工作周期长;运动捕获法,即在传感器附着在肢体关节处记录运动数据的方法,但该方法一方面由于传感器价格昂贵,另一方面也容易受外界环境干扰,导致其实用效果并不理想;自动匹配法,自动匹配方法在帧数较多时往往精度很差,得不到理想的结果。在前人基础上,本书算法首先由教练员给出某些"关键帧"中运动员的三维运动数据,帧间数据通过自动插值获得,旋转角度的中间值采用四元数插值方法,位置平移的中间值采用样条插值的方法。

1. 人体运动结构模型

人体运动系统主要由骨、骨连接和骨骼肌三种器官所组成,它们占人体体重的大部分,并构成人体的轮廓。下面我们先对人体结构进行解析,细化到每一个可认为是"刚体"的肢体。同时我们根据肢体的上下关系建立人体肢体的树形结构。

2. 虚拟人动画模型

(1)运动学人体运动模型

人体运动学是从几何学的角度来观察人体的运动规律与特征,即通过位置、速度、加速度等物理量描述和研究人体位置随时间变化的规律,而不考虑导致人体或器械位置和运动状态改变的原因。为了降低研究的复杂度,通常我们只使用所有运动参数的一部分对具体运动进行描述。

(2)动力学人体运动模型

建立人体动力学模型需要考虑人体的空间几何形状、构造、连接以及它的物理属性。所谓基于动力学模型是肢体运动由牛顿运动定律决定,运动状态因外力改变和控制。这在现实生活中是很好理解的,物体运动状态的变化是根据其所受外力的改变而导致的,因而物体运动与它所受到的"外力"有关。由于引入了牛顿三大力学定律,基于动力学模型的虚拟人动画技术计算机动画的逼真度很高。

3. 虚拟人运动控制

虚拟人的运动控制源于计算机图形学和图像技术的发展。早期的虚拟人是类似于虚拟动物角色的动画,然后慢慢应用到人体模型中。长期以来,虚拟人只能做一些非常简单的动作,画面的模拟程度与真实视频还有很大差距。直到虚拟现实技术(计算机图形学的一个分支)出现之前,虚拟人对动作的复杂性、环境的模拟程度、声音的引入以及声音与动作的协调都有"沉浸感"。

体育舞蹈中的虚拟人不需要太逼真,但虚拟人的动作复杂度很高,这为相关研究者提出了一个新课题。本课题主要有两个研究方向。一是模拟成功运动员已有的动作,即根据视频或记忆恢复运动员的动作,提取运动参数作为训练者的学习对象和目标。这个问题需要先为"人"建立一个几何模型,然后利用大量的视频处理技术提取数据来驱动人体的几何模型,从而获得人体运动动画;第二个方向是体育舞蹈设计师首先构思舞蹈,通过与动画工作者的沟通来实现舞蹈,然后在现有动画的基础上对舞蹈进行修改、修正和安排。这个方向要求计算机工作者深入舞蹈工作室,并与教练进行深入沟通。在此基础上,他们可以掌握动作的技术要领并将其数字化,并驱动获得的数据获得人体模型的动画。

计算机动画领域已经发展出许多成熟的技术方法。其中,较为传统的运动控制方法有过程动画技术和参数关键帧技术,较为常用的是基于物理的仿真技术、运动捕捉技术和运动合成技术。后三种方法在商业领域得到了很好的应用。

(1)基于关键帧的技术

在动画制作过程中,动画设计师首先设计关键帧,然后助理动画师在关键帧中设计几个中间帧。中间帧通常是手动完成的,这是非常烦琐和繁重的工作量。随着计算机技术的发展和普及,中间框架的绘制由"插值"技术完成,完全由计算机自动生成。

由于关键帧技术的简单使用,它仍然是最常用的动画生成方法。在早期,它仅用于实现帧间形状的插值。后来,它被开发用于设置运动参数,但在实际应用中,我们应该非常小心插值所涉及的参数,否则合成的运动会变形。即使参数设置合理,动画也不会平滑,这需要动画师仔细调整。

（2）基于插值算法

关键帧的连续播放往往不能得到平滑清晰的动画,因为帧的数量太少。现代动画技术要求每秒至少30帧,并且需要计算关键帧以外的帧。随着这项技术的发展,两帧之间的插值将被用作两帧之间的一般插值。插值算法决定了最终动作是否平滑、逼真,因此它在关键帧技术生成最终动画中起着重要作用。常用的插值方法有线性插值和三次样条插值。插值后,需要一些手动干预。

（3）四元数插值

在计算几何中,可以通过坐标平移和坐标轴旋转的组合来获得轴旋转（绕轴旋转与坐标轴不重合）。计算复合矩阵的传统方法是先选择旋转轴,然后根据指定的旋转角度计算轴的旋转矩阵,最后计算旋转轴变回原始位置的逆矩阵序列。操作步骤复杂,操作量大。四元数是一种适用于人体运动插值的新算法,近年来引起了业界的广泛关注。这本书打算使用这个更简单的方法来变换给定旋转轴的旋转。它的空间复杂度不超过4x4的矩阵,变换序列的四元数过程变得非常简单,这对于给定对象两个位置的运动插值动画和复杂运动序列非常重要。

（七）声舞协调

随着音频分析理论的飞速发展,设计一种音乐驱动模式来实现音视频同步系统的任务变得越来越迫切。音视频融合不仅为实现音乐驱动的动作编辑理念提供了一个具有巨大实用价值和艺术价值的承载平台,还利用虚拟现实技术为数字艺术设计和民族舞蹈创新领域做出了贡献。

本书针对实际问题,提出了一种可供普通的体育舞蹈从业者学习、实践的解决方案,该方案由三大主体组成。

1. 音乐库

在音乐库中,存有大量已经标注过的音乐,具体的标注包括音乐的时长、音乐的情感类型、音乐的时间截断点等。基于这些信息,舞蹈的设计者可以任意挑选符合自己情感诉求的音乐和音乐片段。

2.动作库

在动作库中,存有大量体育舞蹈的动作片段,并对其进行情感标注和动作的姿态标注。基于动作的标注信息,舞蹈设计者可以选择合适的动作来抒发情感;基于姿态信息连接合适的动作片段,不用担心在实际舞蹈中无法完成。

3.情感—动作对应表

在实际设计的过程中,音乐工作者在音乐库中挑选合适的音乐,舞蹈工作者挑选合适的动作,再由计算机工作者来合成情感—动作对应表。合成的依据有三点:一是音乐和动作的情感信息是否一致;二是前后动作能否流畅完成;三是音乐能否与动作保持实时一致。

(九)音频乐段与动作序列的对应

体育舞蹈有两个关键环节:舞蹈动作库和音乐库的建立。音频分析模块分析得到的最终结果是一个脚本,其中包含音乐的情感属性和动作的情感类型信息,音乐片段的情感类型与动作片段之间存在关系。240 个大调和小调与所表达的情绪之间存在非完全映射关系。例如,D 小调是强烈的悲伤,D 大调是灿烂的阳光,G 大调是明亮的颜色,C 小调是黑暗而强烈的颜色,C 大调是灿烂的,E 大调是庄严而不透明的,等等。音乐的音调所表达的情感是感性的、模糊的。调性中包含的许多情感相互交织,难以区分。例如,C 专业和 D 专业都有代表热情的子属性。因此,必须分解 24 个主键和小键才能获得不可分离的音乐原语。目前,赫夫纳词汇是音乐领域最为公认的词汇,它将模糊定义的音调情感转化为八个情感类别,每个类别又分为许多子项。在完成上述基础工作后,最终获得了音乐/动作脚本中每个片段和子片段的情感描述,该描述基于赫夫纳词汇表和音乐音调的校正。

Poser 动作库根据 Hevner 词汇表对体育舞蹈动作数据库中的符号动作进行分类,因此很容易与音乐/动作脚本文档建立联系。分割音乐片段并对情绪进行分类,在 poser 动作库中检索与子音乐片段的情绪类型匹配的动作。如果有多个动作,根据匹配值找到匹配度最高的动作,重复这个过程,最后得到音乐/动作脚本对应的动作序列。

首先,专业音乐家分析音乐,找出音乐的音调。其次在音乐脚本 cposer 动作库中找到与音乐匹配的动作(个体动作),根据每个音乐片段的情感类别找到符号动作。最后合成相关动作,得到我们想要的动作流。

在总结和回顾了基于虚拟现实的体育舞蹈仿真系统的研究现状后,为了实现体育舞蹈编排的计算机仿真,本书分为三个部分,讨论了舞蹈过程中不可避免的虚拟人动画技术、舞者动作编辑和有声舞蹈的协调,最后将这三个部分整合到最终的体育舞蹈编排系统中。

本书所做的工作很基础,虽然实现了一些功能,但还存在着很多不完善的地方以及一些值得研究的问题。

第一,同步同视角合成人体运动动画与原视频。由于视频的拍摄角度是确定的,合成的人体动画是360°全角的,如何将视频和合成动画进行角度对齐既是本书存在的一个主要问题,也是一个值得继续研究的问题,解决了这个问题就可以清晰地看出来运动员的肢体动作和标准动作存在的差距,甚至可以对这种差距进行量化。

第二,行为识别和人体运动特征分析。是否可以利用群论或其他数学理论方法将从不同角度拍摄的运动归一化到同一视图,并在同一视图中研究视频中人体的运动特征分析和行为识别。

虚拟现实技术在体育舞蹈教学中的应用,以及对视觉图像的处理,使教练员和学生的训练和学习过程不受诸多约束,提高了教学的深度和强度,使教练员在备课中有了更多的选择。学生的学习也从全天候的现场训练转变为半天的训练场,半天在电脑前,这极大地激发了体育舞蹈从业者对基于虚拟现实技术的舞蹈教学辅助系统的热爱和推广,展示了电脑技术在体育训练中的独特魅力。体育舞蹈不仅通过肢体语言表达其内涵和风格,还可以通过虚拟现实设计的舞蹈美和声音美,直接感受到其与戏剧的完美结合,从而提高体育舞蹈的审美价值。随着科学技术的发展,计算机技术中的虚拟现实将对现代体育舞蹈的教学形式产生深远的影响,将教师和学生从繁重的动作训练中解放出来,关注动作的细节、声与舞的美以及人与人之间的和谐。

第二节 翻转课堂在高校体育舞蹈教学中的应用

一、翻转课堂的历史

(一)国外研究

自 2007 年以来,国外学者一直在大学教学中使用翻转课堂模式。在迈阿密大学,翻转课堂教学模式已广泛应用于经济学、市场营销学和计算机科学;在中央田纳西州立大学,这种教学模式也被用于一些统计学课程。一些学者甚至将翻转课堂与传统课堂进行了比较。国外学者关注翻转课堂教学的实践和应用,对翻转课堂的内涵、特点和基本理论研究较少。

(二)国内研究

自 2011 年翻转课堂教学模式引入中国以来,学者们在各自的教学领域开展了翻转课堂教学模式的实践。这些研究文献大多来自理工科和文科专业,如计算机、英语、地理和历史。华南师范大学未来教育研究中心教师王晓东在其论文《翻转课堂在大学教育中的应用研究——以教育技术学英语课程为例》中阐述了翻转课堂教学模式在大学英语课程中的应用与实施案例,并论证了翻转课堂在一些高校课程中应用的必要性和实施过程,同时也提到了阻碍翻转课堂应用发展的问题——学校和教师观念的突破以及教师是否具备相应的能力。

在有关翻转课堂教学模式的文献中,最接近艺术舞蹈专业课程的是刘慧明的文章《应用钢琴教学中幕式教学的可行性分析》。本文简要介绍了 Mu 课堂(以翻转课堂为教学模式)在国内外的应用现状,并对其在钢琴教学中应用的可行性进行了详细分析,阐述了这种教学模式可以提高学生的应用能力和创造力,充分发挥网络教学的优势,采用混合式教学,充分增强师生的互动性。

二、翻转课堂的理论依据

(一)翻转课堂的特征

翻转课堂是一种教学模式,即学生在课下以看视频的方式取代老师课上的教学。而在课上以师生之间互动讨论为主。这种方式打破了以往学校"老师课堂授课,课下学生写作业"的模式。翻转课堂的特征可以表现在以下几个方面。

①从教学程式而言,翻转课堂打破了以往教学的课堂上和课堂下的知识教化过程,其注重课下学生对知识的主动学习和吸收,课堂上则主要是师生之间的沟通,教师负责解答学生的难题,学生通过小组合作探究学习掌握知识。

②从教学观念而言,翻转课堂从学生的个性出发,让学生主动学习知识,这和传统授课教师为中心的方式不同。

③从教师和学生的关系而言,以往的授课模式是教师传播知识,学生被动汲取知识。而在翻转课堂中,教师从绝对的主角转到引导者,而学生则从被动接受成为主动者。

④从教学资源而言,以往的教材、板书等转为先进的网络视频。学生按照自己的兴趣和已有的知识储备浏览、复制、重复记忆学习的重点。而这些教学网络视频也使以往授课中学生学习的僵化模式打破,提升了学生自主学习能力。

⑤从学习方式而言,翻转课堂趋向于针对问题的探索合作模式,这可以加强师生之间、生生之间的沟通,也可以扩散学生思维,让学生个性充分显现。

(二)翻转课堂的教学方式

翻转课堂打破了过去知识传播的方式。它将课堂上知识的传播转化为课后的完成,而课后巩固作业则完全转化为课堂上的学习。

翻转课堂的过程主要包括课前和课内。课前,教师应首先从教学目标出发,选择或录制课程视频,然后引导学生独立观看视频,参与在线课程,并进行自我测试,使学生认识到课堂知识。在课堂上,利用小组合作和师生之间的交流来分析自主学习的知识,并将这些新知识应用到新的场景中,完成知识的内化。然后,学生可以通过评估和反思来交流学习成果。知识的内化学习也可以通过教师和其他学生的评估来完成。

(三)翻转课堂与其他教学模式和方法的不同

(1)有利于学生个性展示和自主学习

学生在翻转课堂里,不论是课前还是课上都可以从自身的知识储备出发,调整本人的学习方式和进程,而不必像以往那样必须和别的孩子统一推进。这种学习模式契合本人的态度和基础。而且,学生在遇到问题时也可以得到教师的指导,教师也能够按照学生的个性因材施教,让学生增强自主学习能力。

(2)有利于全面推广素质教育

现阶段中国的素质教育实际上是要求学生整体的素质提升,并努力发展学生的个性,让学生可以创新学习。翻转课堂可以让学生按照自身的想法和基础进行学习,并获得教师的引导,可以进一步发挥学生的主动性。同时翻转课堂在一定程度上扩大了学生们的知识量,这也可以提升学生的整体素质,促进学生全面发展。

(3)有利于教学相长

翻转课堂里老师也可以给学生提出问题,但这些问题一定是有深度的、学生喜欢解答的。老师录制视频也可以从学生的喜好出发,增强视频的可读性和可视性。针对学生的学习习惯和学习基础给予必要的帮助。最后,教师按照学生的学习成果进行评价。可见,运用翻转课堂模式对教师来说既是机遇也是挑战。

(4)有利于现代信息技术运用于教学

互联网的发展使学生在学习中不再局限于必要的学习场所和学习时间内。在过去,因为空间和时间的有限,学生只能根据教师提到的学习资源进行学习。但是在翻转课堂里,通过巨大的互联网知识宝库,教师可以把各种不同的视频信息提供给学生,让学生更可以按照自己的喜好、学习基础自主选择学习资源。从这点来看,互联网使师生之间的关系更为融洽,也突破了以往课堂授课的局限。而且,老师也能够利用互联网社交软件能及时洞察学生的学习状况。

不过,翻转课堂的运用不是十全十美的,也存在一些缺陷。比如缺少必要的硬件支持,而且学生长期观看视频难免会影响眼睛。同时,学生是否能掌握知识点、教师是否能够控制课堂上的师生沟通,学生的学习是否有效等,这些都是不确定的。

三、高校传统舞蹈教学模式的现状分析

(一)舞蹈教学课程目标和教学内容的分析

从当前国内高校教学课程现状来看,具体高校舞蹈学习的教学目标如下。

(1)专业培养目标

高校舞蹈专业主要是想培养中国舞蹈界的优秀人才,并为全国的各个省市的文工团、艺术团以及职业艺术学校培养优秀的教师。而且,这些优秀的人才和教师可以从事舞蹈的创编、演出以及舞蹈教育和舞蹈研究工作。

(2)人才基本规格

高校培养的舞蹈专业人才首先要有较高的政治觉悟,永远跟在党的后面。其次要有良好的道德风范,不仅要有社会公德,还要有一定的职业道德和奉献精神,愿意为了中国的未来美好发展而贡献自己的全部艺术力量。

(3)知识结构和能力结构

从舞蹈表演的角度来看,我们应该具备良好的基本舞蹈技能和一些舞蹈实践经验。从舞蹈知识的角度,掌握舞蹈的内涵和意义,掌握民族舞蹈、古典舞和现代舞的基本技能和姿势,特别是熟悉中国古代文化中舞蹈的内涵和魅力。在一些舞蹈中,我们应该有很强的创作经验和审美经验。

从舞蹈研究的角度来看,要具备良好的数据查询和研究技能,可以从舞蹈创作和舞蹈表演的意义角度进行深入研究,并对舞蹈人物具有一定的编辑能力。

（4）主要课程

舞蹈专业人士应该参加很多课程。笔者将这些课程分类如下。

第一个是舞蹈专业技能课程，包括中国传统古典舞和少数民族舞蹈（藏舞、蒙古舞、堰舞、朝鲜舞）以及现代舞（伦巴舞、华尔兹舞、恰恰舞等）

第二个是舞蹈理论与技术课程，包括艺术概论、音乐基础理论、舞蹈概论、中国舞蹈史、美学概论、中国少数民族舞蹈史等。

第三个是舞蹈研究与舞蹈创作课程，包括教育心理学、舞蹈教学、舞蹈素材提取、文学与写作、人体解剖学、编舞技巧、教学戏剧等。

（二）舞蹈教学中传统教学模式的分析

新中国成立后，由于中国与苏联的良好关系，苏联的舞蹈理论对中国的舞蹈教学产生了重大影响。可以说，当时中国的民族舞蹈教学模式大多来自苏联。然而，随着时代的发展，中国舞蹈界的一些前辈开始探索具有中国民族特色的舞蹈教学新途径。再加上科学技术的发展和人们审美能力的提高，人们对舞蹈的要求与过去大不相同。此外，全球经济的发展也导致了传统舞蹈教学模式与现阶段舞蹈教学发展的脱节。

事实上，近年来，中国的大多数舞蹈教学模式仍然沿用老式模式。在传统的教学理论中，教师是中心，关注教师如何"教"。这种老式的教学模式明显抑制了学生的个性，也可能会阻碍学生学习。也就是说，它只是向学生灌输知识，而不管学生是否会获得这些知识。此外，这种"灌输"也会在一定程度上抑制学生创新精神的发展。值得庆幸的是，在现阶段，一些新的舞蹈教学模式正在逐步兴起，一些教师开始关注学生个性和能力的培养。可以说，传统的舞蹈教学模式，即教师示范身体，然后让学生模仿，已经不能满足现阶段学生的舞蹈需求。在这一阶段，舞蹈教师应注意如何从学生的个体出发，发掘学生的学习兴趣，让学生自主学习舞蹈。这方面的舞蹈教学模式包括翻转课堂教学模式、情境创设教学模式等。

四、翻转课堂教学模式在高校舞蹈课堂中的教学设计

1. 翻转课堂教学模式与舞蹈教学目标的融合

翻转课堂教学模式是在信息技术发展到一定程度和教育改革的背景下产生的。其核心内容是促进学生的个性化学习。翻转课堂教学模式应以这一目标为核心,让学生主动学习知识,鼓励学生探索学习,从传统教学模式中解放出来,提高学生的自主学习能力。高校舞蹈课程的教学目标主要在于培养学生的自信心,坚持"健康第一"的指导思想,发展学生的能力,激发学生的学习兴趣,培养学生的自主锻炼意识。舞蹈课程必须充分发挥健身、健美的具体功能,以独特的艺术魅力和旺盛的生命力深受学生喜爱,为学生终身锻炼打下坚实的基础。可以说,翻转课堂教学模式在大方向上与高校舞蹈课堂的教学目标相吻合,即激发学生的锻炼兴趣,提高学生的学习主动性,这也为二者的融合创造了重要契机。

2. 翻转课堂教学模式与舞蹈教学活动的融合

翻转课堂教学模式与舞蹈教学活动相互融合主要体现在两个方面,课前模块和课中模块,两者相互依存,相互影响。高校舞蹈教学过程中运用翻转课堂教学模式,必须做好充分准备。

(1)课前模块

①制作教学视频。

教学视频是翻转课堂模式的前提和依据。通常而言,学生集中注意力往往只能够维持13分钟左右。为有效提升翻转课堂教学模式有效性,国内外学者同样研究证明,基于翻转课堂教学模式的教学视频应该将时间控制在10分钟之内,以有效控制和保障学生的观看效率。如有特殊情况,可以适当延长,但切记不可超过20分钟,否则会导致喧宾夺主。

翻转课堂教学视频制定需要一定的互联网信息技术知识,对部分高校教师而言无疑是一种挑战。为不断提升翻转课堂教学视频的制作质量,高校舞蹈教师应该在不断提升自身综合素质,提高自己计算机素养,以提升教学视频质量。

②设计反馈练习。

教学视频观看结束并不意味着学生就能够掌握视频内容。为充分确保视频教学有效性,检验学生视频观看效果,巩固学生学习效果,教师必须在教学视频结束时,设计相关问题,并让学生进行回答。学生必须通过网络平台进行回答,教师同样需要及时反馈评价,了解学生课前学习状况,调整视频教学内容。例如,通过观看视频"古典舞基本舞姿"课程后,学生就必须通过相关教学平台回答教师所提出的相关问题:古典舞站立起势子午相身体姿态呈现出什么状况?基本舞姿动作中需要掌握哪些要领?因为教学平台层面会显示学生的姓名,教师也可以及时了解学生的课前掌握情况,以便于及时调整总结。

(2)课中运用策略

翻转课堂教学模式课前运用固然重要,但课中运用方面同样不可忽视。基于翻转课堂教学模式的高校舞蹈教学活动课堂运用需要从以下方面着手努力。

①视频回顾。

课前教学视频是翻转课堂教学模式的核心,教师不能让学生仅仅在课前观看结束后就完事。在导课阶段,教师同样需要引导学生对课前教学视频进行回顾。通过教师问题引导,让学生认真回顾课前教学视频,必然会对接下来的课程学习有所帮助。

②技能练习。

舞蹈课程与其他学科之间的差异性较大,非常注重学生运动实践能力。在翻转课堂教学过程中,教师引导学生回顾课前教学视频内容后,就需要引导学生对教学视频内容进行练习。还是以"古典舞基本舞姿"为例,教师可以先行示范,然后让学生进行独自练习,不断重复。在几轮练习之后,学生就会对古典舞基本舞姿大致有所掌握。

③合作学习。

翻转课堂教学的重要特点即在于学生在课中学习阶段对相关重难点问题进行自我反思和合作学习。自我反思主要是指学生针对自己舞蹈技能锻炼过程中存在的诸多问题进行发现、纠正和反思。合作学习则立足于自我反思基础之上,由他人对自己的舞蹈姿势进行评价。可以说,高校舞蹈教学阶段,必须组织学生进行自我反思和合作学习。教师可以要求学生对自己练习过程中遇到的重难点动作进行思考,并与同学展开讨论,相互学习,相互借鉴,以有效环节练习过程中的诸多难题。在学生合作学习过程中,一旦学生遇到难题且无法解决时,教师应该及时观察并介入,给予学生信心,帮助学生解决难题。

3. 翻转课堂教学模式与舞蹈教学评价的融合

在翻转课堂教学模式过程中,除却基本的教学步骤之外,教师同样需要对学生进行基本评价。翻转课堂教学模式下的教学评价,与传统舞蹈课堂教学模式评价差异并不大,通常由教师评价、自我评价以及他人评价三个方面组成。以"古典舞基本舞姿"课程为例,学生在自我反思、合作学习之后,首先由教师对学生的学习情况进行评价反馈,并要求学生之间相互评价,最终由教师进行总结性评价。课堂结尾阶段非常重要,教师必须精心设计,要求学生反思总结自我学习情况,并在此基础上进行巩固性练习。

(1)确保学生技能熟练掌握

传统的教学评价的目的在于划分学生学习等级,而不是促进学生全面发展。翻转课堂教学模式评价活动的目的在于实现学生全面发展,确保学生技能能够熟练掌握。教学效果的好坏直接取决于是否实现学生个体发展,翻转课堂教学模式的教学评价能够有效帮助学生了解自己技能掌握的情况。当学生没有达到要求时,教师可以鼓励学生或者引导学生,以最终掌握舞蹈技能。对部分已经掌握技能的学生,教师则可以要求学生根据学习情况,不断反复,不断努力,确保技能在熟练基础上能够完美呈现。

(2)确保学生主体地位公平

在教学活动过程中,学生相互之间的平等地位不容置疑。但传统教学模式下,学生往往被划分等级。当前高校部分考核过程中,文化成绩仍然属于评定学生的重要模式,舞蹈课堂活动中,发言与展示机会同样掌握在少数优秀学生手中,导致优等生与差生之间的差距越拉越大,严重影响到全体学生的身心健康成长。

五、翻转课堂教学模式应用于高校体育舞蹈教学的策略

通过分析,翻转课堂教育模式应用于高校体育舞蹈教学具有激发学生学习舞蹈的动力、加强师生间沟通与交流的优势,对提高学生舞蹈技能以及创编能力有很大帮助。但是翻转课堂教学模式作为一种新兴的教学方法,仍存在着教学模式不成熟、教学资源缺乏的缺点,且在翻转课堂教学模式下,教师和学生的习惯和角色必须发生改变,对学生自主学习能力的要求较高。基于此,本书提出了以下几点发展策略。

(一)注重学生自主学习能力的培养

翻转课堂教学模式下教师以引导为主,教师的主要作用在于视频资料的制作、针对学生提出的问题进行讲解以及监督学生课前、课后的学习。在该模式中,学生是教学的主体,知识与技能的传授起源于学生对于视频资料的自学,知识的内化也在学生与学生间的相互交流中实现,所以学生自主学习能力是决定翻转课堂教学模式在高校体育舞蹈中的应用的关键因素之一。而培养学生自主能力主要有以下四条路径。第一,通过调节影响学生学习动机的因素,激发学生主动学习某项技能的意愿。英国教育学家季摩曼认为学生的主观意愿和内在动因对是否接纳所学内容的影响非常大,主观意愿就像一把钥匙,可以打开人类接受新知识、新事物的大门。第二,要讲究教学的方式方法,在教学中教会学生学习的策略,这些策略包括如何有效认知、怎样筛选新事物中的有效信息等。第三,培养学生的批判性思维,形成反省思维,发展元认知能力。第四,要教会学生如何营造与利用有利于学习的物质环境及社会条件。具体而言,在体育舞蹈教学中应该通过给学生观看世界顶尖舞蹈运动员的比赛录像等方式,激起学生的求知欲和好奇心,从而提升其学习体育舞蹈的兴趣。并在此基础上,传授给学生体育舞蹈技能、沟通技巧以及在学习舞蹈过程中如何通过"观察—模仿—记录—自我评价"的模式快速地将知识技巧进行吸收。同时,体育舞蹈的授课教师还应该采用一些必要外部手段来保证翻转课堂教学模式的正常实施,比如将学生的线上学习时间与课程成绩相挂钩,依据学生的日常学习情况、任务完成

情况、完成时效等方面对学生的平时成绩进行打分,并提高平时成绩在总成绩中的权重,督促学生按时完成课前学习任务。

(二)提高体育教师的能力和素养,注重翻转课堂团队建设

教师素质和能力是影响翻转课堂教学模式在高校体育舞蹈课中应用的重要因素。在体育舞蹈翻转课堂教学的每一个环节,教师都发挥着不可替代的作用。课前,教师制作的视频水平直接影响学生对技能的吸收,教师在收到学生反馈后能否正确回答学生提出的各种问题也决定了翻转课堂中反馈机制的有效性。同时,教师还必须在课前发挥监督作用,确保学生能在规定时间内真正完成观看视频的教学任务。在课堂上,教师讲解的问题是不是大多数学生困惑的典型问题,教师能否清晰地表达自己的意思,这与教师的素质和能力有关。课后,教师能否真正根据课堂效果反思教学组织形式,决定了翻转课堂教学模式能否形成良性循环。这些环节对体育舞蹈教师的信息技术应用能力、资源整合能力、沟通能力和教学水平提出了更高的要求。因此,在实现传统体育教学模式向翻转课堂教学模式转变的过程中,体育教师的工作量比过去翻了一番,体育舞蹈教师很难依靠自身力量完成全部教学工作。在此基础上,建立高校体育舞蹈翻转课堂教学团队,团队中的每一位教师都要分工明确,各司其职。例如,精通电子信息技术和视频制作的教师可以专门负责教学资源的整合和制作。一方面保证了翻转课堂教学模式下体育舞蹈课程的质量;另一方面增强了教师的合作能力,促进了教师之间资源、信息和知识的共享,有利于教师队伍整体实力的提高。

(三)完善普通高校信息化教学环境

在当今社会,电子信息化技术已经深刻影响了学生的学习与生活,通过手机、电脑等信息化终端搜索学习资料、观看教学视频已经成为学生们日常学习中的一部分。运用这些移动终端进行学习具有很多优势,学生可以不受时间、地点的限制,根据自己的需求选择合适自己的学习内容。而且在信息化高度发展的今天,学生更容易对高科技的新兴事物产生更为浓厚的兴趣,有利于学生学习方式的创新,提高学生的学习意愿。而翻转课堂在体育舞蹈项目上的实施与应用,也要依靠电子信息技术。在翻转课堂模式应用

于高校体育教学的初级阶段,教师可以通过将自己制作视频传到微信群等方式,来实现教师与学生间的教学资源共享。

但是随着翻转课堂模式的广泛运用与快速发展,这种依靠第三方媒介来进行资源共享已难以满足需要,构建能够提供丰富教学资源的大型网络平台势在必行。但目前高校相关技术研发与经费投入不足,使得高校信息化教学环境仍然有待提升,信息化平台搭建困难已经成为制约翻转课堂教学模式发展的瓶颈。因此,必须通过加大相关投入,完善普通高校的信息化教学环境,为翻转课堂的开展提供坚实的物质保障。

(四)避免翻转课堂的异化

翻转课堂在教学理念、教学方法、教学体系框架等方面与传统体育教学有着本质的不同。它是一种创新的教学模式,不是传统教学模式下的改进。翻转课堂在体育舞蹈教学中应用的关键是充分发挥学生的自主学习能力。课前花时间学习和吸收新的舞蹈动作和技巧,主要解决课前学习中发现的问题,提高学习效率。然而,值得注意的是,如前一篇文章所分析的,使用翻转课堂教学模式的实验组在舞蹈技能得分上的平均得分较高,但差异较大,表明学生之间存在较大的水平差异。这是因为一些学生缺乏良好的自主学习能力,对体育选修课重视不够,他们的课前学习时间主要被其他事务占用。学习进度赶不上、学习任务难以完成是教学过程中的突出问题,这导致自主学习能力强的学生舞蹈技能的提高明显大于其他学生,导致学生水平差异很大。因此,我们应该正确认识翻转课堂的价值、实施条件和实施方法,以提高课堂有效性为根本目的,结合体育的基本特点和学生的身心特点,开展翻转课堂实践,避免追求形式,忽视体育教学的效果,从而避免翻转课堂的异化。

参考文献

［1］刘佳. 高校体育舞蹈课程研究［M］. 长春:吉林出版集团股份有限公司. 2019.

［2］刘森. 高校体育舞蹈课程研究［M］. 长春:吉林大学出版社. 2018.

［3］胡雪霏. 基于文化传承理念高校体育舞蹈课程教学模式的优化研究［J］. 当代体育科技,2021,11(8):102-105.

［4］胡珊,谢相和. 高校体育舞蹈教学模式浅析［J］. 体育科技文献通报, 2021,29(2):92-93.

［5］高杨. 高校体育舞蹈教学促进大学生创新能力的培养实践［J］. 艺术教育,2020(11):99-102.

［6］段新婷. 浅析高校体育舞蹈课程教学改革与实践［J］. 内江科技,2020,41(8):154-155.

［7］周芳. 高校体育舞蹈课程教学改革探索与思考［J］. 当代体育科技,2020, 10(24):157-158+161.

［8］陈姜华. 高校体育舞蹈教学创新发展研究［J］. 教育理论与实践,2020,40(21):62-64.

［9］张晓白. 高校体育舞蹈教学现状与教学优化策略研究［J］. 湖北经济学院学报(人文社会科学版),2020,17(4):158-160.

［10］许向宇. 高校体育舞蹈课程"全人模式"初探［J］. 才智,2020(2):6.

［11］潘洋. 高校体育舞蹈课程教学模式的构建研究［J］. 中国多媒体与网络教学学报(上旬刊),2019(5):169-170.

［12］吕梦瑶,陈一民. 我国高校体育舞蹈课程评价的现状研究［J］. 当代体育科技,2019,9(12):162-163.

［13］王爱博,魏晓芸. 高校体育舞蹈课程中的创新教学改革策略研究［J］. 科

学大众(科学教育),2018(6):146.

[14]苏晓敏.高校体育舞蹈课程开设现状探究[J].山东农业工程学院学报,2017,34(10):37-38.

[15]徐梓轩.高校体育舞蹈课程教学改革探索与思考[J].当代体育科技,2017,7(25):85-87.

[16]徐佩,李琼.我国高校体育舞蹈课程开展的若干问题探讨[J].当代体育科技,2017,7(15):82-83.

[17]赵胜国.高校体育专业体育舞蹈课程有效教学的困境与策略[J].巢湖学院学报,2016,18(6):137-142,153.

[18]杨花.高校体育舞蹈课程开展现状与对策研究[J].科技展望,2016,26(27):350.

[19]吴东方.中国体育舞蹈理论研究最新成果[M].武汉:武汉大学出版社,2016.

[20]王崇,沈萍,田宇.地方高校体育舞蹈课程建设存在的问题与对策[J].安顺学院学报,2016,18(3):88-90.

[21]黄邓军.当前高校体育舞蹈课程分析[J].当代体育科技,2015,5(12):128-129.

[22]李野.试论如何有效开发高校体育舞蹈课程资源[J].体育世界(学术版),2015(4):134-135.

[23]孙茜.简评我国普通高校体育舞蹈课程开展情况[J].当代体育科技,2015,5(5):135-136.

[24]马丹丹.我国普通高校体育舞蹈课程开展现状[J].才智,2015(2):34.

[25]阎坤.高校体育舞蹈课程开展现状与对策的研究[D].西安:西安体育学院,2013.